初心者でも手軽に
業務改革

Automation Anywhere

Ａ２０１９シリーズ

で は じ め る

RPA 超入門

著者

小笠原種高　桐島諾子

日経ＢＰ

はじめに

　日本でインターネットが普及し、会社でも社員一人ずつにパソコンが支給されるような社会に変わり始めてから、そろそろ15年以上経ちます。こうした変化により、1990年代に比べて大きく仕事の仕方が変わったにも関わらず、いまだに「変えられない」仕事もあります。「変えられない」仕事の多くは、人間が物理的に関わったり、判断が必要であったりする業務なのですが、果たして本当に「変えられない」のでしょうか。

　「変えられない」と思われている仕事のうち、判断が必要な業務に効果的なのが、RPAです。RPAツールは、Botと呼ばれるソフトウェアロボットに、人間が行う操作を代行させることができるもので、あらかじめ設定した条件に従って、パソコンを操作します。RPAツールは、Excelや業務システムのような「処理」を単独で行うものではありません。ですが、Excelや業務システムを操作することは大の得意です。Excelや業務システムが、どんなに優れたソフトウェアであっても、誰か人間が操作しなければ無用の長物ですが、その操作をやってくれるのがRPAツールなのです。

　本書では、RPAツールの中でも歴史があり、高性能なAutomation Anywhereの使い方を紹介しています。RPAツールは、使い方は簡単であるとはいえ、その性質からプログラミング要素が含まれるのですが、Automation Anywhereは、ドラッグ＆ドロップで作成できるため、プログラミング未経験のユーザーでも簡単に始めることができます。もちろん日本語に対応していますし、変数やループ、条件分岐のような少し難しそうな操作の作成も簡単です。また、使いやすいだけでなく、強力な管理機能が備わっており、全社的な導入にも向いています。

　このように人間の強い味方になってくれるAutomation Anywhereですが、なんとCommunity Editionの提供がはじまり、無料にも関わらず、ほとんどの機能が使える状態で、個人が導入できるようになりました。ぜひ、この機会に触って遊んで、RPAを楽しんでください。

小笠原　種高

桐島　諾子

監修者より

　「本当に業務効率化に役立つRPAソリューションがほしい」とクライアントにいつも言われ、IT、戦略などのシステム選定のご担当者は同じ悩みを抱えているのではないでしょうか。「とりあえず、RPAを入れる」ことは、効果の伸び悩み、また、いつまでも終わらない選定の繰り返し・・・と業務効率化とは程遠い大きな悪影響になっているはずです。大きく効果をあげている他社を横目にもう半年、一年と選定を伸ばしていく焦りを感じていないでしょうか。

　「このRPAなら間違いない」とはっきりとおすすめができるのがAutomation Anywhereです。AI-OCR（紙からのPDFファイルをデータ化する機能）、BI（データの可視化）、業務改善ツール、AI機能など、業務効率化に出てきそうなさまざまなソリューションを視野に入れて採用するなら、全てを叶える追加機能を持っており、約20年にもわたる積み上げられた技術が凝縮されているAutomation Anywhereが最適です。また、2019年11月現在世界で170万台以上が稼働している最も使われているRPAでもあります。本書では、このAutomation Anywhere を体験していただきたい、との強い気持ちで紹介しています。

　「Automation Anywhere」という英語名であるからか、英語でしか使えない、難しいという印象を持っている方がいらっしゃいます。下記のように、日本語でも簡単に使えることを知っていただき、誤解を解いておきたいのです。

- 無料のCommunity Editionも含めフルで日本語対応である
- Automation Anywhere Universityという無料のトレーニングサイトも日本語で充実している
- 他RPAと比較して非常に簡単である
- 価格もリーズナブルである・・・など

　Automation Anywhereの優れた点は、挙げればきりがないのですが、この本には、実際にBotを作ってみるハンズオンの内容や、困った時に調べられるサイトやコミュニティの情報など、役に立つ情報が込められています。さらに監修者からお伝えしたい、使いこなしのポイントなどもコラムとして含めました。

この本を読み終えた後、実際に触ってみたくなり、そして自信を持ってこう言えるでしょう。「Automation Anywhere で本当の業務効率化に取りかかりましょう」、と。パートナー数はディストリビューターである SB C&S 社を含め日本で約100社となり、お客様の RPA 導入のためのサポート体制も整えています。

　Automation Anywhere を選び、RPA の先にある（新しい技術を持つ）、次世代の業務効率化を一緒に叶えたい。幸せな働き方を一緒に作りたい。切にそう願っております。この本が、手助けになりますことを願い、皆様と Automation Anywhere で、「朝、起きて、会社に行きたくなる」そんな社会を作りたいです。

米田　真一（オートメーション・エニウェア・ジャパン株式会社 / マーケティング本部）

嶋　真　（SB C&S 株式会社 / 先端技術推進統括部）

キャラクター紹介

 にゃんころん師匠

　入社以来ずっと経理畑を歩むベテラン社員。Excelやマクロにも詳しく、社内でも「Excelに困ったら、にゃんころんさんに聞け」と言われているExcel名人。ただし、Wordのことはよくわからない。最近は、RPAに興味があり、経理課ではかなり導入が進んでいる。

　はるかちゃんのことは、次男と同い年なので、ついつい気になって面倒を見てしまう。休日に、夫と美術館に行くのが趣味。

 はるかちゃん

　入社3年目にして営業部のエース。仕事が速く堅実なので、取引先からの信頼も厚い。そのため、同期に比べて仕事が多く、効率的にこなすことを模索している。

　にゃんころん師匠とは、新人の頃に忘年会で酔っ払って、介抱されてからの付き合い。経理課に遊びに行くと、楽しい上に勉強になるので暇を見つけては師匠の元に通っている。

　好きな食べ物は油揚げ。

サンプルファイルのダウンロード

　本書の6章では、学習用に作成した「商品管理システム（DemoForm.exe）」および「商品管理_SampleDate.xlsx」ファイルを使用します。以下のWebページからダウンロードしてください。

https://project.nikkeibp.co.jp/bnt/atcl/20/P96910/

注）日経IDおよび日経BP ブックス＆テキストOnline ダウンロードサービスへの登録が必要になります。

　ダウンロードした「商品管理システム」ファイルは、ダブルクリックで起動できます。アンインストールは、ファイルの削除のみです。このファイルが、パソコン上の他のソフトウェアやファイルに影響を及ぼすことはありません。

　「商品管理システム」は、ログインする動作を再現するため、IDとパスワードが設定されています。

「商品管理システム」へのログイン情報

ID	admin
パスワード	admin

訂正・アップデート情報

　Automation Anywhereに大きな変更があった場合、サポート情報を提供していることがあります。操作につまずいた場合は、下記のページの「訂正・アップデート」の項目をご確認ください。

　https://project.nikkeibp.co.jp/bnt/atcl/20/P96910/

目次

❶章　Automation AnywhereでRPAをはじめよう　　1

❷章　Automation Anywhereを使ってみよう　　23

❸章 レコーディングでBotを作ってみよう　　45

Chapter 1

Automation Anywhereで
RPAをはじめよう

RPAとは、「ロボットによる事業プロセスの自動化」のこと
です。現在の日本では、生産年齢人口が年々下がり続けてお
り、人手不足に苦しむ企業も多いでしょう。今すぐ従業員を
増やすことは難しいですが、RPAツールを使えば、デジタ
ルな労働力が手に入ります。RPAで少し仕事を助けてもら
いましょう。

1-1 RPAの概要

にゃんころん師匠！ RPAという便利なものがあると聞きました！
やってみたいので、RPAについて教えてください

RPAとはよいところに目をつけましたね。RPAは、ロボットによる事業プロセスの自動化のことで、新しい労働力として注目されています。

▼ あなたの隣にあるRPA

　RPAとは、Robotic Process Automation（ロボティックプロセスオートメーション）の略で、「ロボットによる事業プロセスの自動化」のことです。事業プロセスの自動化！なんだかすごそうな言葉ですね。それに、わかるようなわからないような曖昧な印象も受けます。しかもそれがロボットによって行われるわけです。職場にアトムやドラえもんが来てくれるのでしょうか。そんなことはないにしても、人によっては、そんなSFじみた話は、自分と関係がないと思われるかもしれませんね。

　そのようにRPAに夢を見てもらえるのは嬉しいですが、RPAはSFではありません。あなたの隣にある話です。

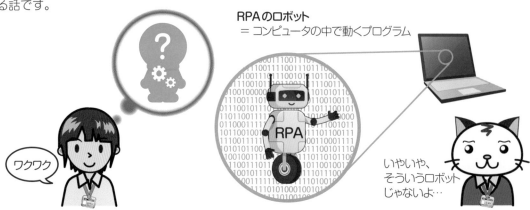

▼ 自分で作るデジタルワークフォース

　RPAで言うところのロボットは、コンピュータの中で動くプログラムです。手や足になるような、物理的な体があるわけではありません。

　アトムやドラえもんのような人型でないと、あまりロボットっぽくないと感じるかもしれませんが、ロボットとは、「人の代わりに自動で作業してくれるもの」ですから、人や動物の形とは限らないのです。このようなプログラムのように作業を肩代りしてくれるものをデジタルワークフォース[1]（デジタル労働力）といいます。

　デジタルワークフォースは、人の形こそしていませんが、人間が机の前でやるような作業を代わりにこなしてくれます。たとえば、請求書を自動で生成したり、Webサイトから自動的に情報を収集してまとめたりなど、あなたが日々時間を取られているような作業を代わりにやってくれるのです。

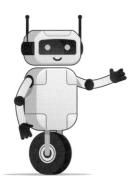

デジタルワークフォースとは
- コンピュータの中で動くプログラム
- 人の代わりに働く
- アイコンやブロックを組み合わせて作る
- AI と連携し、より高度な自動化が可能
- 誰でも簡単に作成できる

　この大変便利なデジタルワークフォースは、自分で作ることができます。RPAツールと呼ばれるサービスやソフトウェアを使って、自分でロボット（プログラム）を作るのです。

　「そんな難しそうなことができるだろうか」「それってプログラミングってやつじゃないの？」と不安に思う方もいらっしゃるでしょう。しかし、RPAツールは、プログラマでなくてもアイコンやブロック状のものをマウス操作で組み合わせてロボットを作成するのが基本ですから、そんなに難しくありません。Excelのマクロや、Accessに苦戦したあなたでも大丈夫。RPAを始めるのに専門知識は必要ないので安心してください。

---

*1 英文表記はDigital Workforce。

1-2 デジタルワークフォースに任せよう

デジタルワークフォースって便利そうですね。デジタルワークフォースに全部やらせて、私は喫茶店でサボったり……クフフ。

デジタルワークフォースはパソコンの中で動くものですから、できることとできないことがありますよ。それにサボるくらいお暇なら、新しいお客さんを開拓してきてください……。

▼ デジタルワークフォースは、キーボードやマウスを操作する

　デジタルワークフォースは、プログラムなので、「なんでもできる！」というわけにはいきません。物理的な腕や足は用意されていない[*2]ため、重い荷物を持ったり、荷物をどこかに届けたりはできません。

　しかし、コンピュータの中では、自由自在に動けるのがデジタルワークフォースです。デジタルワークフォースが得意なことの1つは、パソコンに対して、キーボードやマウスの操作を人間の代わりに行うことです。そのため、人がパソコンに対して行う操作はおおよそできます。たとえば、WordやExcelに自動入力するだけでなく、今使っている業務用システムを操作したり、複数のソフトウェアを操作したりするなど、パソコンに入っているソフトウェアや機能をいろいろ操作できるのです。

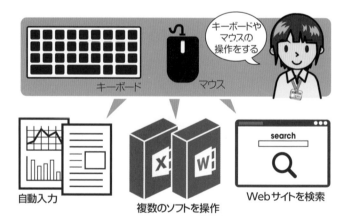

キーボードやマウスの操作をする

キーボード　マウス

自動入力　複数のソフトを操作　Webサイトを検索

[*2] デジタルワークフォースは、コンピュータの中のプログラムであるため、物理的な腕や足は用意されていないが、たとえば動くものと組み合わせたり、カメラやプリンタなどと組み合わせることで、できる作業は格段に広がる。

▼ デジタルワークフォースが得意なこと

　デジタルワークフォースは、キーボードやマウスを操作する単純作業が得意です。

　ただし、単純作業と言っても、定められた条件に従って行動することができるので、コピー＆ペーストのような本当の単純作業だけでなく、少し判断が必要なものにも実力を発揮します。

　Webサイトの検索もできますし、ルールに従って結果を整理し、まとめることもできます。ファイルが追加されたら自動的に送信する、労働時間を集計して過重労働の気配のある従業員に自動的に警告する、といった決められた基準でアクションを起こすことにも使用できます。

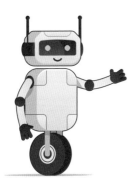

デジタルワークフォースが得意なこと
- キーボードやマウスの操作
- コピー＆ペーストのような単純作業
- ソフトウェアや業務システムの操作
- Web サイトの検索
- 決められた基準に従って判断して行動すること
- 情報を基準に従って整理すること

　1つ身近な例を挙げましょう。交通費の精算は、ビジネスパーソンを悩ませる面倒な作業の1つです。毎回記録していくのも面倒ですし、取引先と乗り降りの駅を入力するのにうんざりしている人も多いでしょう。

　こうした交通費の精算も、自動で作成させることができます。人が行う場合に、①スケジュール帳から取引先を判断して、②取引先の駅を確認、③乗り換え案内のサイトで検索、④申請書に日時・取引先・乗降駅・料金を記入——という手順で行っているとすれば、これらは全てデジタルワークフォースに肩代わりさせられます。

　どうです、便利でしょう！さらには、交通費の申請を受け取った経理の人も、申請が合っているかどうか、デジタルワークフォースに確認させることもできるので、こうした問題が一挙に片付きます。

自動で交通費精算ができる

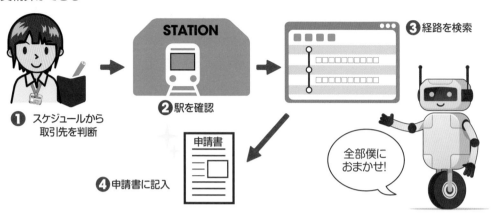

① スケジュールから取引先を判断
② 駅を確認
③ 経路を検索
④ 申請書に記入

全部僕におまかせ!

　ビジネスの現場において、パソコンを使わない仕事はないと言っても過言ではありません。そして、そのパソコンを使う仕事のうち、交通費精算の例であげたような単純作業は多く含まれます。このような作業を任せられる頼もしい味方が、デジタルワークフォースなのです。

デジタルワークフォースに任せられること

- 交通費の精算
- 営業用顧客データの準備
- 公的機関に提出する書類の作成準備
- 請求書の自動発送や見積の作成
- 経営層向けレポート作成
- 販売状況情報の自動収集と調査
- 債権情報や入金情報に従った回収・支払予定表の作成
- 固定資産、リース資産情報に従った会計システムへの入力
　……など

▼ デジタルワークフォースと人やシステムとの連携

　デジタルワークフォースの導入を検討する時に、導入せずにExcelのマクロや、市販のソフトウェア、業務システムの発注でも良いのではないかと考える向きもあります。これは、考え方として少しズレて

います。

　まず、デジタルワークフォースは、人間のやることを肩代わりしてくれるものです。現在よく使われる場面は、キーボードやマウスの操作です。

　たとえば、人間がExcelと計算の競争をしても勝つのが難しいように、Excelが行うような処理は、デジタルワークフォースよりもExcelの方が優れています。Excelには、関数、ピボットテーブル、グラフなど、さまざまな機能が備わっています。さらに表をグラフィカルにすることもできますし、マクロは、Excelを隅々までコントロールすることができます。デジタルワークフォースは基本的に単独で表計算ソフトのようなことはできません。しかし、デジタルワークフォースならば、Excelに入力したり、他のソフトウェアから情報をコピーしてくることも短時間で手軽にできます。

　つまり役割が違うのです。何かの「処理」は、Excelなどの市販のソフトウェア、業務システムが優れています。ただ、これらのソフトウェアやシステムは、誰も「操作」しないと、ただのディスクの肥やしです。パソコンの容量を無駄に食いつぶすものでしかありません。これらを「操作」して生かすのが人間であり、デジタルワークフォースなのです。マクロも「操作」するものですが、両者は主戦場が違います。

　デジタルワークフォースは、Excelのマクロやシステムとライバル関係になったり、喧嘩したりするようなものではなく、むしろ協力し、人間を助けます。マクロの方が得意なことは、マクロに任せた方がスマートです。そして、マクロの操作範囲を超えるものはデジタルワークフォースと組み合わせると良いのです。

　また、業務システムを構築するには多額の費用と時間と手間がかかります。デジタルワークフォースで古い業務システムをうまくサポートしたり、ほかのソフトウェアと組み合わせたりする仕組みを短時間で構築するのもよい使い方です。

「処理」と「操作」の違いということですね！

ライバルではなく、協力しあう関係なのですよ。

1-3 RPAで業務を改革する

今すぐRPAツールを入れましょう！師匠！
会社に入れるように言ってください。
師匠の意見はいつも通るからいけると思います！

RPAツールを入れるにしても、まずはどのように入れるかを考えないとね。
むやみに入れてしまったら、せっかく良いツールでも生かしきれないよ。

▼ デジタルワークフォースによる単純作業からの解放

　デジタルワークフォースは、ビジネスパーソンの強い味方だということが見えてきたでしょうか。このように、RPAによるデジタルワークフォースを導入することで、人は単純作業から解放され、人でなければできないことや、人が得意とすることに注力できるようになります。

　日本の生産年齢人口は、年々下がり続けています。近い将来、労働力がどこも足りなくなることは自明の理であり、対応が急がれる重要な問題です。デジタルワークフォースはその名のとおり、労働力を増やす解決策の1つです。

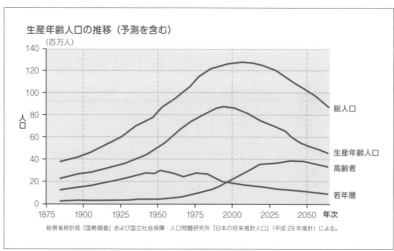

生産年齢人口の推移（予測を含む）

（百万人）

総人口
生産年齢人口
高齢者
若年層

総務省統計局『国勢調査』および国立社会保障・人口問題研究所『日本の将来推計人口』（平成29年推計）による。

参照元 http://www.ipss.go.jp/syoushika/bunken/data/pdf/jinkokenshiryu338.pdf

▼ RPAの導入計画

　RPAを導入する場合、「どのような規模で導入するか」は押さえておく必要があります。考えるべき規模は3つあります。

導入で考えるべき3つの規模
①導入する組織の範囲
　（自分だけ〜会社全体）
②かける金額
　（無料〜社運をかける）
③影響を及ぼす業務の範囲
　（一人だけの業務〜顧客にも影響）

①導入する組織の範囲

　RPAを導入する組織の範囲として、自分だけでやってみることもあれば、会社全体でチームを組むこともあるでしょうし、部署内の有志で始めるケースもあるでしょう。重要なのは、「ボンヤリなんとなく会社皆でやろう！」ではなく、明確に範囲を定めることです。範囲が定まっていないと、どのような仕事を効率化するのか対象がボケてしまって、成果を正確に判断しづらくなります。

②かける金額

　さすがに、金額を決めずにスタートすることはないでしょうが、金額を意識することが大切です。無料で始めた場合は、のんびり進めてもよいですが、結構な資金を投入するのであれば、相応の成果が必要です。

　本格導入には、社内体制を整え、チームを組んで行うべきですし、それが用意できないのであれば、大金を投入するのはまだ早いということです。

③影響を及ぼす業務の範囲

　やみくもに、とにかく導入しようというのは危険です。こちらも範囲を定めましょう。一番小さい規

模の業務改革は、「自分の仕事を効率化すること」です。これならば、影響は小さくて済みますし、実験もいろいろできます。

　一方、影響が大きければ、その分だけ恩恵に与る人も多くなるので、ゆくゆくは広げていくことをお勧めします。

規模に合わせた速度と力

　なぜ規模の話をしたかというと、規模に合わせて労力を割くべきだからです。たとえば、大金を投入したのに、成果がイマイチでは残念ですし、会社からお金が出ていないのに、大きな成果を求められても困ってしまいます。

　こうしたことにあまり慣れていない会社は、少人数・少額・小規模から始めて徐々に拡大させた方がよいですし、力があるのであれば、きちんと専任チームを組んで導入すると大きな効果が得られます。

　新しいツールを導入することは、社内から反発を招くことが往々にしてありますが、多くは、こうした3つの規模と成果とのミスマッチから来ています。RPAで人々の仕事が楽になって、その分業績が上がれば、誰にとっても幸せなことなのですが、つまらないことでつまずいたら残念です。導入時にはしっかり検討しましょう。

大規模導入と研修

　RPAツールは、誰でも簡単にロボットが作れる便利な道具なのですが、ときどき、「誰でも作れるんだから、研修なんかいらない」という乱暴な意見に出会います。それは大きな間違いで、たとえば、Excelも便利な道具ですが、自分一人で関数を使ったり、ピボットテーブルを使えた人は少ないはずです。誰かに習ったり、書籍で確認したり、Webサイトで検索した人が多いでしょう。

　それと同じように、RPAも使いやすいものではありますが、研修を行った方がきちんと効果的にロボットの開発や操作を行えます。特に、組織で大規模に導入する場合には、コーディングルールや運用ルールの統一なども必要になりますから、こうした体制も整えていきましょう。

Chapter1

1-4 組織的導入に強い Automation Anywhere

私の調査によると、うちの会社には、
Automation Anywhereが向いて
そうです。
これにしましょう！

そうですね。Automation Anywhere
は、サーバー型のRPAなので、組織的
導入に強みがあります。相性もよさそ
うです。

RPAツールの選定

　RPAを始めるには、RPAツール（ソフトウェア）が必要です。RPAツールには、数多くの種類があり、高性能で機能が満載のものから、機能が限られているものの無料で使えるものまであります。最初から高性能なものを導入するのもありですが、まずは、無料のものや体験版で試して、相性や使い勝手を確認するとよいでしょう。

代表的なRPAツール

RPAツール	説明
Automation Anywhere	米国でのシェアNo.1。強力なユーザー管理機能とサーバー型システムによる組織的導入に強み。日本でもCommunity Editionの提供がスタート。
BizRobo!	米国Kofax社のOEM製品で、日本に古くから参入している。
Blue Prism	RPAツールのパイオニアで、英国を中心として世界で大きなシェアを持つ。
UiPath	いち早いCommunity版の提供により、シェアを大きく伸ばしており、日本での認知度が高い。
WinActor	大手RPAツール唯一の純国産であるため、日本でのシェアがトップ。

Automation Anywhereの魅力

　RPAツールは、それぞれ特徴があります。自分や会社・業務にあったものを導入するのが大切です。本書で解説するAutomation Anywhereは、サーバー型RPAツールです。作成できるロボットの数

は無制限で、各種管理機能が充実しているため、組織導入に強みがあります。

　また、ドラッグ＆ドロップで簡単にロボットを作成できるため、個人から大企業まで大変使いやすいRPAツールです。プログラミングをやったことのないユーザーでも、始めることができます。

Automation Anywhereの魅力

RPAツール	ドラッグ＆ドロップで直感的なロボット作成が可能。ビジネスユーザー向けに設計されているため、サーバー型で各種管理機能が充実している。作成できるロボットの数も無制限なので、部門をまたいだ大きなスケールで展開できる。 オンプレミス型だけでなく、オンラインでログインするとすぐに自動化を開始できる、RPA-as-a-Serviceとして、クラウド型でも提供。この場合、サーバーの用意は不要。
コグニティブ (IQ Bot)	AIや機械学習を活用したAI-OCRの機能があらかじめ組み込まれている。RPAと(IBM Watosonなどの)サードパーティ提供のAIソリューションとの間の橋渡しを行う。RPAからAIまで一貫した連携で処理が可能となる。また、搭載されたAI-OCR機能により、ドキュメントやスクリーンに表示される情報の意味を理解し、画像だけに頼らない自動化をすることができる。
アナリティクス (Bot Insight)	ロボットの稼働状況をリアルタイムに分析できるBI機能があらかじめ組み込まれている。社内に散在するデータをロボットが自動化し分析、可視化による現状把握、課題の早期解決へとデータを活用できる。
マーケットプレース	作成したロボットやロボットのパーツを提供するマーケットストア機能があり、審査・管理された即使用可能なロボットが数多く公開されている。 ユーザーやパートナー企業が多数参加し作成されており、ニーズに近いロボットをゼロから作成せずとも再利用でき、スムーズな開発が実現できる。
イノベーション	RPA ＋ AI ＋ アナリティクスを組み合わせたコグニティブ・アナリティクスに業界内でいち早く投資。収益の30-40％をR&Dに投資している。 誰もが簡単に使え、金融機関使用レベルのセキュリティ機能の強みがある。 小さく始めても拡がるスケーラビリティ、自動化対象を迅速に判断するインテリジェント機能、単一のプラットフォームで行える、業界をリードする最新技術が搭載されている。
カスタマーサクセス	Enterprise版では、24時間365日の サポート。 コミュニティや、学習のためのトレーニング教材も充実。

1-5 Automation Anywhere 導入と特徴

Automation Anywhereは、特別なソフトを入れなくてもよいし、ブラウザで開発できるのが手軽で便利ですね。

ほかにも、便利な機能がいろいろありますよ。Community Editionが無料で使えるので、一緒に遊び倒してみましょうか。

▼ 手軽に始められる Automation Anywhere

Automation Anywhereは、手軽に始められるのも特徴の1つです。RPAツールによっては、プログラミングのようなコードを書かなくてはならなかったり、日本語化されていなかったりと、初心者にとってつまずき所の多いものも存在しますが、Automation Anywhereはそうではありません。

初心者でも、始めやすいように配慮されています。

Webサイトから始められるよ

未来に備えた RPA への道のり

たとえば、Automation Anywhereは、ドラッグ＆ドロップで初心者でも使いやすい画面構成です。誰でも気軽にロボットを作成できます。ブラウザを使用するため、開発時に特殊なソフトウェアのインストールは必要ありません[3]。ブラウザで専用ページにアクセスするだけです。

無料で使えるCommunity Editionが用意されているのも大きな魅力でしょう。Community Editionは、いくつかの機能に制限があるものの、個人として使うには十分過ぎるほど高機能です。また、Community Editionの使用には使用期限がないため、気づいたら使える期限が切れていたということもありません。

英語版Webサイトで、先駆けて公開されていたCommunity Editionですが、ついに日本語版Webサイトからもアクセスできるようになり、より始めやすくなりました。もちろん、操作画面は日本語対応しており、日本語ユーザーに使いやすいRPAツールです。

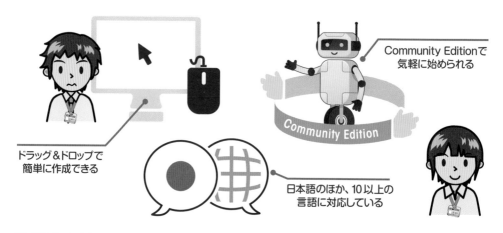

ドラッグ＆ドロップで
簡単に作成できる

Community Editionで
気軽に始められる

日本語のほか、10以上の
言語に対応している

▼ 手軽に始められるのに高機能

このようにAutomation Anywhereは初心者に優しいばかりでなく、骨太なRPAツールでもあります。たとえば、サーバーですべてのロボットを一括で管理するタイプであり、強力なユーザー管理機能があるため、組織的な導入に向いています。

クラウド版だけでなく、オンプレミス型での構築も可能です。RPAで作成するロボットは、人間の若手と同じように、業務とともに育てるものです。ある程度の規模になってきたときに、一括での管理や、サーバー型での構築が必要となってくることも多いです。

Automation Anywhereは、「誰でも始められる」RPAツールでありながら、活用方法が多様なデジタルワークフォースも育てられます。

---

*3 Botの実行やクライアントパソコンの操作を組み込む場合には専用プログラム（Botエージェント）のインストールが必要。

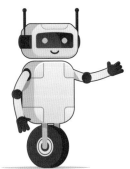

Automation Anywhere の特徴

- ドラッグ＆ドロップで初心者でも使えるユーザービリティ
- ブラウザで簡単に開発
- 強力なユーザー管理機能と高セキュリティによる集中管理のしやすさ
- 高いオブジェクト認識率と作成物の高可読性による作成・変更のしやすさ
- 日本語化された無料の Community Edition の提供
- オンプレミス版とクラウド版どちらも提供
- Microsoft の Office365 との連携専用プラグイン
- Web スクレイピングも楽々

▼ 日本語対応、無料で使える Community Edition

　Automation Anywhere には、中規模や大企業向けの有償となる Enterprise 版と、中小企業[*4]や開発者、学生向けに提供される無償の Community Edition があります。

　Community Edition はクラウド（RPA-as-a-Service）のみですが、Enterprise 版は自社のサーバーに構築するオンプレミス版とクラウド版の両方が提供されています。

----

*4 スモールビジネスの場合のみ、Community Edition を使用できる。スモールビジネスに該当するのは、①（物理および仮想を含む）マシン台数が 250 未満、②ユーザー数が 250 未満、③年間収益が 500 万ドル未満の要件に該当する企業のみ。これら3 つのうち 1 つでも超過している場合、その企業はスモールビジネスとは見なされない。

Automation AnywhereのCommunity Editionが素晴らしいのは、Enterprise版と同じく、Bot[*5]の構築機能や作成できるBot数が無制限であることでしょう。なんと、後述するIQ Bot（AI-OCRツール）やBot Insight（指定した変数で高度なビジネス分析を行うBIツール）も使用できます。

Community Editionを使用するための要件は、スモールビジネス、開発者、学生ですが、試してみたい多くのユーザーがスモールビジネス[*6]に該当するはずです。

	Enterprise版		Community版
	オンプレミス版	クラウド版	クラウド版
利用可能コンポーネント	Enterprise IQ Bot Bot Insight モバイル アプリ		Enterprise IQ Bot Bot Insight
対象	大規模向け	大規模～中規模の企業	中小企業、開発者、学生
Bot 構築機能	無制限		
Bot 数	無制限		
技術サポート	電話、E メール、サポート チケット、A-People コミュニティ、専任のカスタマー サクセス マネージャー		A-People コミュニティ
トレーニング	Automation Anywhere University で、世界中の公認 パートナーによる実地、クラスルーム 、トレーナー育成プログラムを提供		

▼ 「思考」「実行」「分析」に対応した３つのコンポーネント

Automation Anywhereは、RPAだけでなく、仕事で必要な「思考」「実行」「分析」という３つの行為それぞれにおいてコンポーネントを用意しており、それらを組み合わせることで、単純作業でない業務までカバーしていることも大きな魅力です。

この「実行」にあたるのが、RPAツールですが、RPAツールを導入すると、「思考」にあたるIQ Bot、「分析」にあたるBot Insightを使用することができます。IQ Botは、いわゆるAI-OCRツールです。Bot Insightは、BI（Business Intelligence）ツールです。

デジタルワークフォースの作成には、どうしても人間によるデータの構造化や分析が必要になります。こうしたこともサポートしてくれることで、より業務にフィットしたデジタルワークフォースを作成し、活用しやすくなります。

---

*5 Automation Anywhereで作るロボット（デジタルワークフォース）のこと

*6 スモールビジネス（その関連会社を含む）がCommunity Editionを使用できるのは、組織内のマシン5台まで。また、IQ Botを使用して処理／アップロードできるのは、月に100ページまで。

Automation Anywhere 3つのコンポーネント

ロボティックプロセス オートメーション RPA機能	コグニティブ オートメーション IQ Bot	アナリティクス Bot Insight
オンプレミスとクラウドの両方で反復的なビジネスプロセスの大規模な自動化を行うことができる RPA機能	AI や 機械学習を活用し、人間の行動を学習して、非構造化データを構造化する機能。電子化された帳票などの紙情報の構造を認知できるAI-OCR	Bot の稼働状況とビジネスの業績の両方を測定し、予測するアナリティクス機能。BIツール

▼ 初心者でも使いやすいBot開発画面

Automation Anywhereでは、デジタルワークフォースの実体を「Bot」と呼びます。何かさせたい作業ごとに、Botを作成します。

ドラッグ&ドロップで簡単Bot作成

Automation AnywhereでのBot作成方法は簡単です。Botを作成するには、「ここをクリックする」「このファイルを開く」などの1つずつの動作を表す「アクション」をドラッグ&ドロップで並べるだけです。レコーディング機能もあり、変数も簡単に作成できます。

左のパレットからドラッグ&ドロップで作成できる

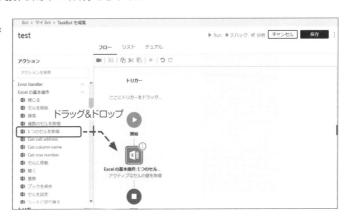

初心者でも作りやすい工夫が満載

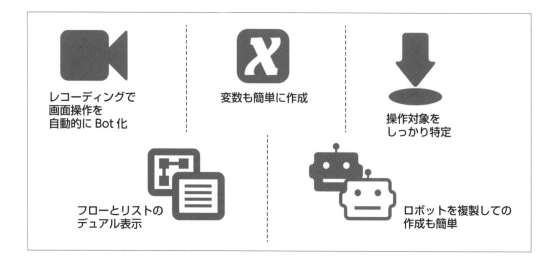

レコーディングで
画面操作を
自動的にBot化

変数も簡単に作成

操作対象を
しっかり特定

フローとリストの
デュアル表示

ロボットを複製しての
作成も簡単

便利なBot管理画面

　Bot画面では、作成したBotを管理できます。現在Botがどうなっているかや、Botの変更者などを確認できます。

Botを管理しやすいBot画面

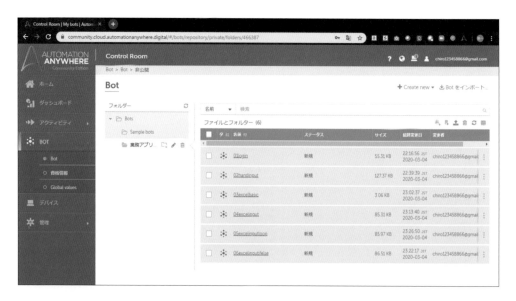

▼ ブラウザ使用のRPA

　Automation Anywhereは、英語と日本語を始めとした10以上の言語に対応しており、ブラウザを使用して開発できます。サーバー型のスタイルです。開発に特殊なツールは必要ありません。

　Automation Anywhereの本体は、サーバーにインストールされています。クラウド型であっても、オンプレミス型であっても、これは同じです。開発者はブラウザでサーバーにアクセスし、Botを作成します。作成したBotは、サーバーに登録された端末で実行することができます。端末やユーザーの管理もサーバーで行います。実行には、「Botエージェント」と呼ばれる実行のためのプログラムが必要です。

　この仕組みにより、同じロボットを複数のパソコンで実行することができます。また、ユーザーや端末を管理することで、システム管理者による管理の一元化が可能です。

- - - - - - - - - - - - - - - - - - - -
サーバーで一括管理、実行はBotエージェント

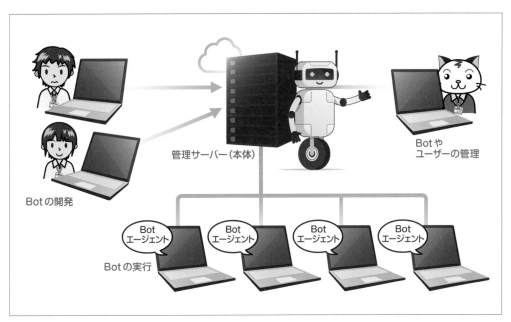

そのほかの頼もしい機能

そのほかにもAutomation Anywhereには、頼もしい機能が搭載されています。

項目	内容
スケジュール起動（Enterprise版のみ）	スケジュールに従って起動できる
トリガー実行	なんらかの条件をきっかけ（トリガー）として起動できる
ユーザー管理機能（Enterprise版のみ）	ユーザーを一元管理できる
ロール管理機能（Enterprise版のみ）	ユーザーに対しロールを割り当てることができる
デバイス管理機能（Enterprise版のみ）	接続できるデバイスの管理ができる
実行状況管理機能	Botの実行状況を監視・管理できる
クレデンシャル管理機能	認証に必要な資格情報の管理ができる

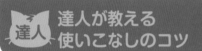

達人が教える 使いこなしのコツ

自動化における心構えと導入意義
大裏　明日香　（SB C&S RPAビジネス推進部）

　自分たちの会社でも、さぁ自動化しよう！と社内RPA推進として動き出したかたもいらっしゃるでしょう。技術の勉強ももちろんですが、「どこの部署から進めようか」「どの業務からやろうか」「誰が進めようか」「何から考えよう」と、いろいろ悩まれるでしょう。

① RPAは 「巧遅は拙速に如かず（こうちはせっそくにしかず）」

最適部署に提案したはいいが、こんなことがよくありますね。

- 役職者が他人事。提案しても放置。
- 興味はあるが、多忙すぎて手を出せない。技術面もよくわからない。RPA推進部で開発してくれる？

　社内RPA推進にも、ロボット開発にも、忘れてほしくないのは 「巧遅は拙速に如かず」 なんです。全員がうまくいく確信が持てるのを待つより、まずは進めてみましょう。トライ＆エラーでもいいじゃないですか！ RPAに関わる立場の方は、綺麗で完璧なみんなの役に立つRPAロボットを作りたいと考えがちですが、まずは何か作ってみるところから、の気持ちを持って頂きたいのです。

　RPAとは、基幹システムを大きく入れ替えるわけではありません。今ある業務を整理して、今あるシステム同士を連携させて、業務を効率よく進めるツールです。だからこそ、RPA推進には、「拙速」

が重要な感覚ではないでしょうか。

② 「RPAの導入効果＝時間削減／時間創出」

　よくあるRPA導入事例の効果では、「RPA導入で、業務が〇〇時間削減できた」「数万時間を新たに創出」など、RPA導入によって得られる時間＝定量評価に目が行きがちです。

　もちろん、これらもROIを評価する役職者には必要な指標ですが、実際に自動化を進めた方の声を聞くと、以下のようなご意見を多く頂きます。

- 業務の質が向上した
- 業務の見える化や棚卸ができる
- ストレスが軽減される
- できた時間で新しいことに挑戦、放置していた業務にやっと取り掛かれる

　実際、社内でうまく業務選定を行い、自動化を進めても、『削減時間／創出時間』はわずかなこともあります。しかし、新たな業務が発生したとき、RPAありきで業務設計ができるようになると、そこからの業務効率は数値化できない大きな時間となります。

　そこに、導入する意義を感じて頂きたいのです。

いろんなことができるんですね

一通りのことができるようになったら、こうした機能も試してみましょう

Automation Anywhereを使ってみよう

Automation Anywhereは、高機能でセキュアなサーバー型RPAツールです。ドラッグ＆ドロップで簡単にBotを作成できます。使い方は簡単です。プログラミング未経験者でも簡単に始められるので、無料で使えるCommunity Editionで、その魅力を体感してみましょう。

2-1 Automation Anywhere Community Edition

Enterprise版と、Community Editionって結構違うものですか？機能制限ってあるんですかね？

Automation Anywhere の Community Editionは、Enterprise版のほとんどの機能が使えますよ。

Automation Anywhere Community Editionの特徴

Automation AnywhereのCommunity Editionは、1人（1台）が手動で使う前提であれば、無料であるにもかかわらずかなりの機能が使えます。

1章でも説明したとおり、Enterprise版と同じく、Botを作る機能や作成できるBot数は無制限です。

IQ BotやBot Insightも使用できますし、同時使用こそできませんが、Community Editionのユーザーであっても、複数のデバイスを登録できます。トレーニングとして、「Automation Anywhere University」の利用も可能です。

Automation Anywhere Community Editionの構成

Automation Anywhereは、クライアントパソコンにインストールするのではなく、サーバーにアクセスする形で使用します。オンプレミス版の場合は、自分でサーバーを構築しますが、クラウド版

の場合は、そのままブラウザでサービスのURLにアクセスすれば使用できます。Community Editionは、クラウド版で提供されており、ユーザー登録すれば、すぐに使えるようになるのも魅力でしょう。

なお、Automation AnywhereでBotを開発するときは、サーバーにログインするだけで使用できますが、Bot実行時には、実行したいパソコンへBotエージェント*1のインストールが必要です。ただし、インストールするものはこれだけです。

開発や管理で使用するブラウザ

開発や管理で使用するブラウザ

サーバーへのアクセスに使用するブラウザとしてサポートされているのは、Google Chrome 57以降と、Internet Explorer 10または11です。一部のアクション（ブラウザーパッケージ*2）ではMozilla Firefoxもサポートされています。本書では、Google Chromeを使用して進めていきます。

Botを実行するマシン

Botを実行するマシンに求められる要件は、以下のとおりです。おおよそ、Windows10の入っているようなマシンであれば大丈夫でしょう。Botを実行できます。ただし、Automation Anywhere Community Editionはクラウド型で提供されるため、安定したインターネット環境は必須です。

プロセッサ	RAM	ストレージ
3.5MHz以上 4 コア以上のマルチコア	4GB 以上。8GB 推奨	8 GB

Botを実行できるのは、現在*3はWindows OS上のみです。以下のOSおよびバージョンがサポートされています。

Windows のバージョン	バージョンのエディション
Server 2016	StandardおよびDatacenter
Server 2012	Standard
Server 2008 R2	Standard
Windows 10	ProおよびEnterprise

---

*1 クライアントのソフトウェアを操作する、Bot作成時にも必要。
*2 Web ブラウザの起動、Web サイトからのファイルのダウンロード、および破損したリンクの特定を可能にするアクション。
*3 2020年3月現在。

2-2 Community Edition の アカウントを作成しよう

Community Editionをゲットしたいの
で、どこに買いに行けばよいのか教えてく
ださい！
……ってあれ？無料だからお店では売って
ないのかな？

Community Editionはクラウドで提供
されているので、Webサイトから申し込
むだけで使えるようになりますよ。

▼ Community Editionの利用

Automation Anywhereを利用するには、アカウントを作成し、ログインすることが必要です。また、作成したBotをパソコン上で動かすためのBotエージェントをインストールする必要があります。

なお、Botエージェントのインストールには、Windowsの管理者権限が必要です。

 STEP 01 アカウントを作成

 STEP 02 サイトにログイン

 STEP 03 Bot エージェントをインストール

[手順] Community Editionを入手する

Community Editionにアカウントを作成する

❶Automation Anywhere日本語版
の公式サイト(https://www.auto
mationanywhere.com/jp/)を開き、
[フリートライアルを開始]をクリック
する。

❷申し込みページに移動したら、
[COMMUNITY A2019 を今すぐ入
手]という入力フォームが表示される
まで下にスクロールする。

❸一番右側のCommunity Editionの
入力欄に、会社名、姓、名、eメール
アドレス、電話番号、国名を入力する。
❹利用規約への同意、サービス情報の
受信への同意にチェックを入れる。
❺[送信]をクリックする。

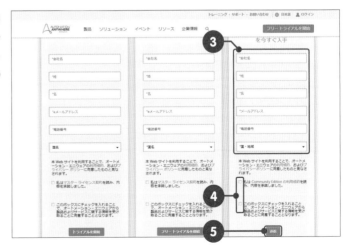

❻申請が行われたことを通知する画面が表示される。

❼登録したメールアドレスの受信トレイを確認し、受信したメールの内容を確認する。

❽指定されたURLをクリックして、Control Roomにアクセスする。

ログインするための情報が記載されている

Community Editionへのログインと初期操作

❶ログイン画面が表示されたら、メールに記載されていたユーザー名とパスワードを入力し、ログインボタンをクリックする。

❷初回のログイン時のみ、パスワードを変更する画面が表示されるので、新しいパスワードを設定する。新しいパスワードは8から15までの文字数で、セキュリティ強化のため数字・大文字の英字・特殊文字を少なくとも1つずつ使用する必要がある。

❸新しいパスワードを設定したら[変更を保存]をクリックする。

❹Automation Anywhereのホーム画
面が表示され、Botの作成が可能と
なった。

❺初めてのBotを作成する3つのステッ
プが表示されるので、右上の[×]を
クリックして閉じる。

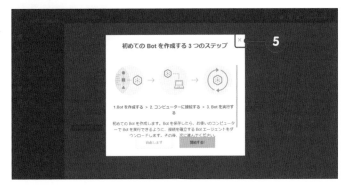

デバイス（パソコン）の登録とBotエージェントのインストール

❶ナビゲーションウィンドウの[デバイ
ス]ボタンをクリックする。
❷[デバイス]画面が表示されたら、画
面右上のアイコン[ローカルBotエー
ジェントを追加]にをクリックする。

❸[接続しましょう]ダイアログが表示
される。
❹[コンピュータに接続]をクリックす
る。
❺AutomationAnywhereBotAgent.
exeのダウンロードが開始される。

❻AutomationAnywhereBotAgent.
exeのダウンロードが完了したら、
ダブルクリックしてインストールを
開始する。

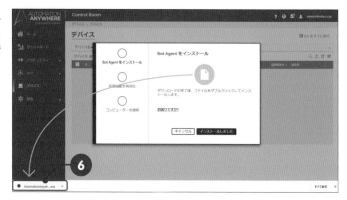

❼Bot Agentのインストール*4が開始
される。

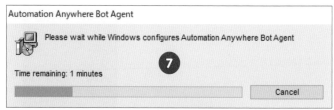

❽インストールが終わったらブラウザ
の右上に警告マーク「！」が表示され
るので、クリックしてメニューを開く。

❾[新しい拡張機能が追加されました
（Automation Anywhere)]をクリッ
ク。

❿「Automation Anywhereが追加さ
れました」という表示を確認し、[拡張
機能を有効にする]ボタンをクリック
する。

⓫Botを実行する準備が整った*5。

⓬デバイス画面を開き、デバイスが追
加されているのを確認する。

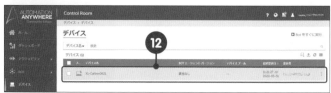

---

*4 Bot Agentは後からインストールすることも可能。その場合、Botの実行時などにインストールをうながすダイアログが表示される。
*5 ログイン情報の入力を求められることもある。

2-3 Automation Anywhere Community Editionの画面

なんか機能がいろいろあって、面白そうですね！でも、何が書いてあるかよくわかんないや。

最初のうちは、全部の機能を知るよりも、よく使うものから少しずつ順番に覚えていけばよいですよ。

▼ Automation Anywhereの各画面

Automation Anywhereは、ダッシュボード、Bot画面などの複数の画面を、ナビゲーションウィンドウに表示されているタブで切り替えて利用できるようになっています。その中でもよく使用するのは、BotエディターとBot画面でしょう。Botエディターは、Botを作成する画面です。Bot画面は、作成したBotを一覧管理できます。

ここではAutomation Anywhereの画面について説明しておきます。Botを作成する手順などは次の節で扱います。

なお、Automation Anywhereは進化が速いソフトウェアなので画面は実際のものと異なる場合があります。特に英語表記が日本語に変わっていることも多いので、最新情報もインターネットなどで確認するとよいでしょう。

あれ？先週と画面がちがってますよ!!

Automation Anywhereは進化が速いのでどんどん便利に変わっていきます。追加されている機能があるかもしれないので、バージョンが上がったら変化を探してみましょう。

Control Room

・ナビゲーションウィンドウ

ダッシュボード、Bot画面などの複数のウィンドウを切り替えるためのタブが集まったウィンドウです。

❶[ホーム]タブ…ホームを表示するタブです(Community Editionのみ)。

❷[ダッシュボード]タブ…ダッシュボードを表示するタブです。

❸[アクティビティ]タブ…進行中のアクティビティや過去のアクティビティを表示するタブです。

❹[BOT]タブ…Botの一覧や資格情報、パッケージを表示するタブです。

❺[デバイス]タブ…デバイスを表示するタブです。

❻[管理]タブ…ユーザー情報を表示するタブです。

❼[ヘルプ]…ヘルプを表示するボタンです。

❽[言語]…言語を切り替えられるボタンです。

❾[デバイス]…デバイス情報を表示するボタンです。

❿[ユーザー]…ユーザー情報を表示するボタンです。

少し違うCommunity EditionとEnterpriseフリートライアル版

「フリートライアルを開始」をクリックすると、A2019のバージョンに対してEnterpriseのフリートライアル版とCommunity Editionの2つの選択肢が出てくるので、どちらで試すか迷われた方もいらっしゃるでしょう。

Community Editionであっても、ほとんどEnterprise版と同じ機能が使える大盤振る舞いなAutomation Anywhereですが、若干違う点もあります。

たとえばナビゲーションウィンドウにある「ホーム」は、表紙のような画面ですが、Community Editionにしか存在しません。一方、Enterprise版には、監査ログ、ユーザーの追加、ロールの作成などの機能があります。

▼ ホーム

Control Roomにアクセスして、最初に開かれているのがホーム画面です（ホーム画面はCommunity Editionのみ）。

❶**ホーム詳細エリア**…Botの作成、IQ BotやBot Insightの起動が行えます。

❷**[Botを作成する]ボタン**…Botを作成するボタンです。

❸**[IQ Botを起動]ボタン**…IQ Botを起動するボタンです。

❹**[Bot Insightを開く]ボタン**…Bot Insightを開くボタンです。

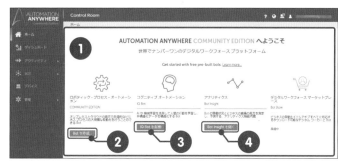

▼ ダッシュボード

ダッシュボードは、Bot作成の開始ボタンや、Bot Insightへのリンク、最近表示したページの一覧などが並ぶ、Automation Anywhereの管理画面です。作成されたBot数などのメトリクスも表示されます。

❶**ダッシュボード詳細エリア**…Bot作成や、最近表示したページの表示などが行われます。

❷**スタートガイド**…[Botを作成]ボタンをクリックすると、Botの作成画面が開きます。

❸**最近表示したページ**…Automation Anywhere内で最近表示したページを表示します。

❹**IQ Bot**…IQ Botへのリンクがあります。

❺**Insights**…Bot Insightへのリンクがあります。

❻**指標**…Botの作成履歴や実行結果を分析して表示しています。

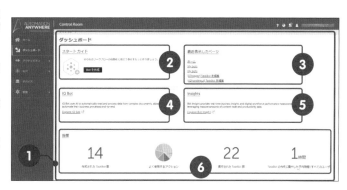

Bot画面

　Botは、作成したBotの管理画面です。Botの作成・実行だけでなく、ファイルやフォルダーの管理も行えます。本書では、作成する「Bot」とまぎらわしいので「Bot画面」と表記します。なお、BotとTaskBotは同じものです。

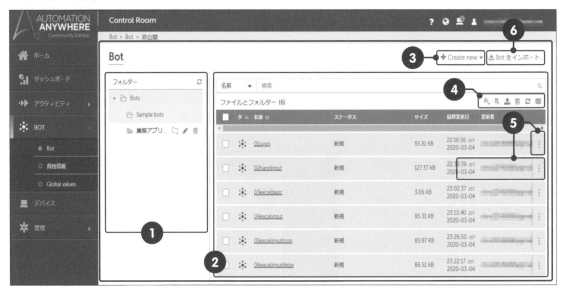

❶ **フォルダーパネル**…作成したフォルダーの一覧を表示します。

❷ **ファイルとフォルダーパネル**…❶で選択したフォルダに含まれるファイルとBotの一覧を表示します。

❸ **アクションボタン**…Botやフォームを作成するボタンです。Botを選択すると[TaskBotを作成]ダイアログが開きます。作成したBotはBotsフォルダに格納されます。

❹ **ツールバー**…❷で開いているフォルダー内で作用するボタンです。

　・[**Botを作成**]…Botを作成するボタンです。作成したBotは選択したフォルダ内に格納されます。

　・[**Create a form**]…フォームを作成するボタンです。

　・[**ファイルをアップロード**]…ファイルをアップロードするボタンです。

　・[**チェックした項目を削除**]…チェックした項目を削除するボタンです。

　・[**テーブルを更新**]…テーブルを更新するボタンです。

　・[**列をカスタマイズ**]…列をカスタマイズするボタンです。

❺ **アクションメニュー**…マウスポインタを置くとアクションメニューを展開します。

　・[**TASK BOT実行**]…Botを実行するボタンです。
　・[**TASK BOT分析**]…Botを分析するボタンです。
　・[**TASK BOT表示**]…Botを表示するボタンです。
　・[**TASK BOT編集**]…Botを編集するボタンです。
　・[**TASK BOTコピー**]…Botのコピーを作成するボタンです。
　・[**TASK BOT削除**]…Botを削除するボタンです。

❻ **Botをインポート**…Botをインポートするボタンです。

Botエディター

Botエディターは、Botを作成する画面です。Bot作成に関するあらゆる機能が詰まっています。

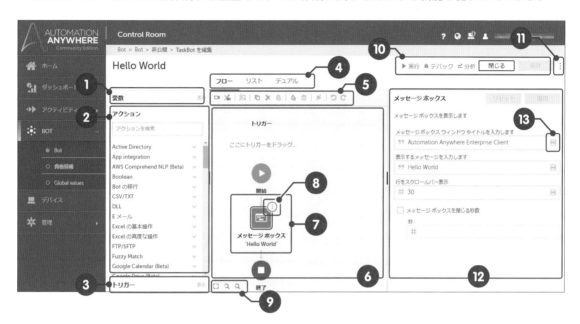

❶**変数パレット**…変数の一覧です。作成もここから行えます。

❷**アクションパレット**…アクションの一覧です。検索ボックスで検索もできます。

❸**トリガーパレット**…トリガーの一覧です。

❹**［フロー］／［リスト］／［デュアルビュー]タブ**…クリックして❻のフロー／リスト／デュアルのそれぞれのパネルを切りかえて表示させるタブです。

❺**ツールバー**…Botを編集するボタン群です。

・**［レコード］**…レコーディングを行うボタンです。

・**［Start recording with AISense］**…AISenseを使ってレコーディングするボタンです。

・**［Change device］**…レコーディングや実行先のデバイスを変更するボタンです。

・**［項目をコピー］**…❻で選択中のアクションをコピーするボタンです。

・**［項目を切り取り］**…❻で選択中のアクションを切り取るボタンです。

・**［項目を貼り付け］**…❻で選択中のアクションを貼り付けるボタンです。

・**［Copy to shared clipboard］**…クリップボードに格納するボタンです。

・**［Paste from shared clipboard］**…クリップボードの内容を貼り付けるボタンです。

・**［すべてのブレークポイントを消去］**…すべてのブレークポイントを消去するボタンです。

・**［元に戻す］**…元に戻すボタンです。

・**［やり直す］**…やり直すボタンです。

❻フローパネル…作成したBotのアクションなどを表示します。フロー／リスト／デュアルビューを切り替えるとそれぞれのパネルを表示します。

❼アクションアイコン…アクションをアイコンの状態で表示します。

❽アクションメニュー…クリックしてアクションを編集します。

❾[ズームの自動調整] ／ [ズームアウト] ／ [ズームイン]ボタン…フローパネルの表示をそれぞれ自動調整したり、ズームアウトしたり、ズームインしたりするボタンです。

❿アクションボタン…作成したBotに作用するボタン群です。
　・[実行]ボタン…作成したBotを実行します。
　・[デバック]ボタン…デバックします。
　・[分析]ボタン…分析します。
　・[閉じる]ボタン…開いているBotエディターを閉じます。
　・[保存]ボタン…作成したBotを保存します。

⓫アクションメニュー…クリックすると、パッケージ・依存関係・プロパティを表示します。

⓬アクションの詳細パネル…❻で選択しているアクションについての編集をするパネルです。表示されていない場合は、フローパネルのアイコンをクリックすると、表示されます。

⓭[変数を挿入]ボタン…変数を挿入します。

⓮トリガーパレット…トリガーアコーディオンメニューをクリックすると表示されるトリガーの一覧です。

⓯変数パレット…変数アコーディオンメニューをクリックすると表示される変数の一覧です。

⓰[変数を作成]ボタン…クリックすると変数を作成できるボタンです。

2-4 Bot作成と実行の流れ

Botを作るには、どうしたらよいですか？
そういえば、プログラムなんて作ったこと
ないんですけど、大丈夫かな……？

Automation Anywhereは、プログラ
ムの経験がなくても、手軽に始められる
のが特徴の1つです。大丈夫！すぐに使
えるようになりますよ。

▼ Bot作成の流れ

　BotはBotエディターで作成します。とは言っても、闇雲に作るわけにもいきません。作成の前に、作り方や、用語を押さえておきましょう（なお、作成画面のUIにTaskBotという表記も出てきますが、これはBotと同じ意味です）。

　まず、何かのBotを作りたいと思ったときには、その行動を1つずつの動作に分解してみましょう。たとえば、Webサイトから指定した文言をWordにコピーして貼り付けたいとします。一見単純な作業ですが、この動作は「範囲指定」「コピー」「貼り付け」という3つの動作が組み合わさってできています。

　本来は、この前後にWebサイトやWordを開いたり、保存したりするような操作も含まれるでしょうが、とりあえずはこの3つで考えましょう。この3つの動作のうち、1つずつの動作がBotエディターでの「アクション」に相

3つの動作に分類できるわけですね！

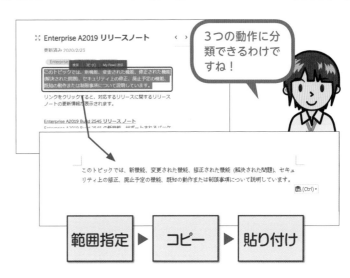

範囲指定 ▶ コピー ▶ 貼り付け

当し、範囲指定から貼り付けまで
の1セットが「アクションリスト」
に相当します。Botの中身は、こ
のようになっています。

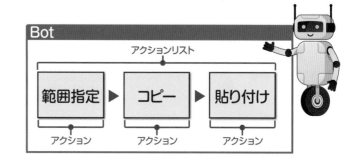

　Botをうまく作れるかどうか
は、このように1つのやりたいこ
と（たとえば範囲をコピペする）
を、複数のアクション（範囲指定
＋コピー＋貼り付け）に置き換えられるかどうかにかかっています。例はシンプルにするために3つの
動作で話をしましたが、実際のBot作成の場合は、これに「範囲指定をするWebサイトの指定」「貼り
付けるWordファイルの指定」なども含まれてきます。

　一見複雑そうに見えるかもしれませんが、単純な動作の組み合わせです。そもそも人間がいつもやっ
ている動作を置き換えるものなのですから、少しわからなくなったら、「自分が普段やっていること」
を振り返って分析するとよいでしょう。

▍ Botの作成フロー

　アクションリストは、Control RoomのBotエディターで作成します。まずは、カラのBotを作成し、
そこにアクションをドラッグ＆ドロップしてリストを作成します。

❶[TaskBotを作成]ダイアログでカラ
　のBotを作成する。
❷アクションをドラッグ＆ドロップして
　アクションリストを作成する（適宜、
　詳細を設定する。[適用]ボタンを押
　す）。
❸[保存]ボタンを押す。

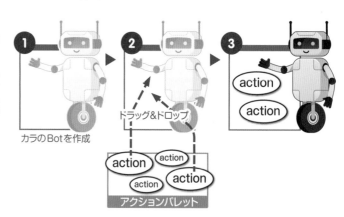

　実際の手順は、3章で説明しますが、「カラのBotを作って、そこにアクションリストを組む」とい
うことだけ押さえておいてください。

Botの作成を開始する3つの方法

Botを作成する（[TaskBotを作成]ダイアログを開く）には3つの方法があります。どの方法でも構いません。自分がやりやすい方法を選択してください。

1. ホームの［Botを作成する］ボタン

ホームの［Botを作成する］ボタンをクリックします。

2. ダッシュボードの［Botを作成］ボタン

ナビゲーションウィンドウから［ダッシュボード］をクリックします。ダッシュボードが開くので、［Botを作成］ボタンをクリックします。

3.Bot画面

　ナビゲーションウィンドウから［BOT］をクリックするとドロップダウンリストが展開するので、その中から［Bot］をクリックします。［Bot］画面が開くので、アクションボタンの［Create new］からBotを選択もしくはツールバーの［Botを作成］をクリックします（どちらからでも作成できます）。

Bot作成方法による作成先フォルダーの違い

　前述したBotの作り方は、どれも基本的には同じなのですが、1つだけ特殊なものがあります。それは、［Bot］画面のツールバーから作成した場合で、ここから作ると、選択されているフォルダー内にBotが作成されます。

▼ アクションリストの組み方

　アクションは、アクションパレットからドラッグ＆ドロップでアクションリストに組み込みます。入れ替えもドラッグ＆ドロップで行えますし、削除などはアクションメニューから行えます。

ドラッグ＆ドロップでアクションリストを組む

左のパレットからドラッグ＆ドロップで
作成できる

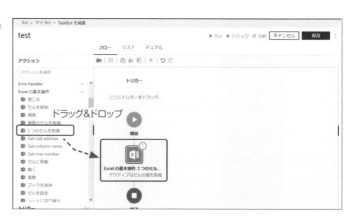

組み替えもドラッグ&ドロップで行う

組み替えはドラッグ&ドロップで行う

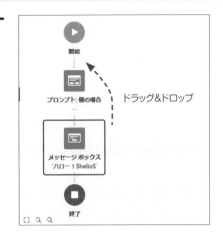

アクションをコピー、削除する

アクションメニューをクリックすると、
アクションのコピーや削除などができる

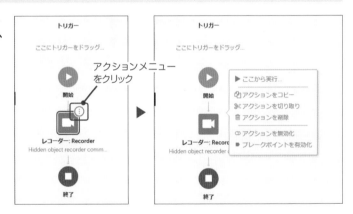

アクションのアイコンをクリックで詳細設定を開く

アイコンをクリックすると詳細設定が
開く

適用させていないと
未適用マークが表示
される

設定に誤りがあると
と注意マークが表示
される

アイコンをクリックすると、詳細設定が開きます。何か設定をした場合は、必ず［適用］ボタンを押して確定させてください。適用させていないと、鉛筆マークが表示されます。

レコーディングでアクションリストを組む

アクションのうち、キー入力やマウスで画面を操作するようなもの（キャプチャアクション）は、レコーディングでアクションリストを自動生成させることもできます。［レコード］ボタンを押すことで、レコーディングが開始されます（詳しくは3章）。

- -
レコーディングでアクションリストを自動生成できる

リストとフローの2種類のアクションリスト表現がある

アクションリストの表現として、フローとリストがあります。タブを切り替えることで、フロー、リスト、その両方というように表示を切り替えることができます。大まかな流れはフロー表示のほうがわかりやすいですが、アクションリストが長くなるとリスト表示のほうが便利です。

- -
フロー表示、リスト表示、デュアル表示を切り替える

フロー表示　　　　　　　　リスト表示　　　　　　　　　　　　　　デュアル表示

▼ アクションとして用意されているもの

Automation Anywhereでは、数多くのアクションが用意されています。

マウスやキーボード操作（GUI操作）の再現

マウスやキーボード操作に関わるアクションが用意されています。Windowsアプリ上のボタンやメニュー、テキストボックスなどやブラウザで開いたページのボタンやテキストボックス、見出しや表などの要素を適切に操作できます。

また、画像で構成されている箇所も、AISenseによって、画像認識技術とAIによるUI要素分解技術を組み合わせて操作できます。

アプリケーションに対応した操作

アプリケーションに対応したアクションも用意されているので、シンプルなアクションの組み合わせで、アプリケーション独自の操作を実現できます。

●対応アクション

Excel操作、Microsoft Office/Office 365操作、G Suite操作、テキストファイルやCSVの読み書き、データベース操作、メール送受信、ファイル／フォルダー操作、ZIP圧縮・復元、FTP操作、キーボード／マウス操作、画像認識、PDF操作、メッセージ表示・入力、REST Webサービス/SOAP連携、スクリーンショット、JavaScript/Python/VBScript/外部プログラム呼び出し、ターミナルエミュレータ操作、音の再生、自然言語処理/AI連携、その他

達人が教える　使いこなしのコツ　**アクションリストを見やすくするStepアクションを使う**
池田　康一（SB C&S RPAビジネス推進部）

後からアクションリストを見直した際に、そこに書かれている内容を理解するのに時間がかかることはよくあります。「1か月後のアクションリストは他人の作ったものと同じ」などと言われたりするほどです。ましてや、他人が実装したアクションリストはなおさらです。保守や運用を考えた際に、いかに見やすいアクションリストを書くかが重要です。

Automation Anywhereの最新版では、可読性（Botの見やすさ）を向上するための仕組みとして、「Step」というアクションが用意されています。このStepアクションを使用すると、処理の単位でま

とめてブロック化することができ、必要に応じて表示/非表示させ、詳細の確認ができます。

Stepを使ったときのデュアル表示

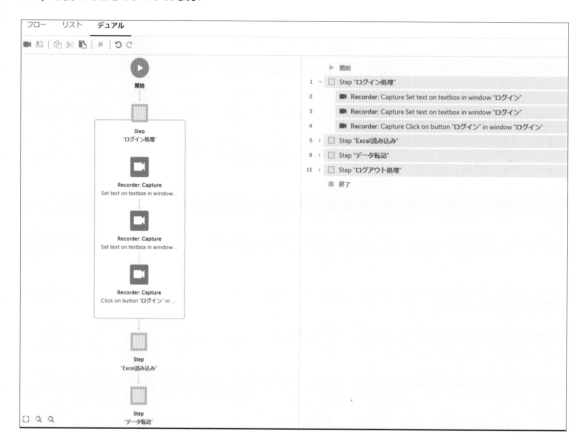

あなたがBotの修正をしたくなったときに、Stepを使用しない場合は、上から1つずつ処理を確認していく必要があり、どこを修正するかを調査するのに時間がかかります。一方、Stepでアクションをまとめておくと、まとまっている処理がひと目でわかりますね。初めてBotを見た際にも、ブロック化されていることで全体を俯瞰でき、Botの処理概要を把握できる役割も担っているのではないでしょうか。

Botは作成して終わりではなく、保守・運用が必ず必要になってきます。ぜひ、このStepアクションを利用して、Botの可読性、保守性を向上させて、保守や運用を考えたBot開発を行ってください。

Chapter

3

レコーディングで Bot を
作ってみよう

Automation Anywhere では、ウィンドウやボタン、テキストボックスなどに対して、キー入力したり、マウスクリックしたりする操作のアクションリストを、自動的に生成することができます。これをレコーディングといいます。初心者の皆さんにも、簡単にできますから、まずはここからはじめましょう。

3-1 レコーディングで できることと使い方

にゃんころん師匠！簡単と言われても、何からやればよいのかわかりません。はじめの一歩を教えてください！

最初は、レコーディング機能を使って、Botを作成してみましょう。レコーディング機能は、自動的に生成してくれる機能なので、これで作り方や実行のしかたを学びましょう。

▼ レコーディングとは

　Automation Anywhereではドラッグ＆ドロップでアクションリストを作成しますが、ウィンドウやボタン、テキストボックスなどに対してキー入力したり、マウスクリックしたりするアクションに関しては、レコーディング機能で自動生成させることができます。これを、キャプチャアクションと言います。レコーディングでは、レコードボタンを押して、クリックやキー入力すると、その操作に対応するアクションリストが生成されます。

　レコーディングは、いちいち自分でアクションリストを組まなくてよいので大変便利です。自動で生成できるのはキャプチャアクションに限られますが、それでもいろいろできるので、まずはレコーディングでアクションリストを組んでみましょう。

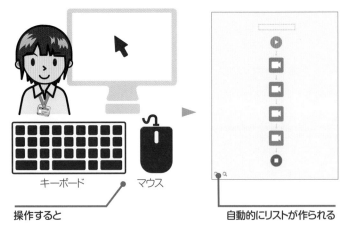

キーボード　　マウス

操作すると　　　　　　　　　　　　　自動的にリストが作られる

▼ レコーディングの方法とその画面

通常は、アクションパレットからアクションを選んで並べることでBotを作りますが、レコーディング機能を使うと、キー操作やマウス操作した通りにアクションリストが自動で作成されます。自動で生成されたアクションリストも、その後に手動でアクションを追加したり編集したりできます。

「TaskBotを編集」画面で［レコード］ボタンを押すと、レコーディングが開始されます。レコーディングではBotに再現させたい操作を行います。すべてが終了したらBotを保存します。

❶Botを
作成する

❷レコーディング
を開始する

❸対象となるウィンドウ
を指定する

❹レコーディング
する

❺Botを
保存する

レコードボタンを押すとレコーディング
が開始される

レコーディングでは、通常の画面に加えて次の2つのウィンドウが表示されます。2つのウィンドウが同じ名前なのでわかりづらいですが、本書では、それぞれ「アプリケーションのレコーディングウィンドウ（対象の選択）」、「アプリケーションのレコーディングウィンドウ（レコーダー）」と呼んで区別します。

┃ アプリケーションのレコーディングウィンドウ（対象の選択）

レコーディングの操作対象とするウィンドウやWebサイトを選択する画面です。

ドロップダウンリストから選択し、［Start Recording］をクリックするとレコーディングが始まります。もし、対象のウィンドウがドロップダウンに表示されていない場合は、［Refresh］ボタンを押して現在開いているウィンドウを再読み込みします。

アプリケーションのレコーディングウィ
ンドウ(対象の選択)

❶ドロップダウンリスト…対象を選択
　します。

❷[Refresh] …再読み込みします。

❸[Start Recording] …レコーディン
　グを開始します。

❹[Cancel] …レコーディングをキャ
　ンセルします。

アプリケーションのレコーディングウィンドウ (レコーダー)

　レコーディングが始まると、アプリケーションのレコーディングウィンドウ（レコーダー）が起動します。

　一時停止したいときは [Pause]、終了したいときは [End recording]、キャンセルしたいときは [Cancel] をクリックします。

アプリケーションのレコーディングウィ
ンドウ(レコーダー)

❶[Pause] …レコーディングを一時停止します。

❷[End recording] …レコーディングを終了します。

❸[Cancel] …レコーディングをキャンセルします。

> **ボタン名称の日本語化**
>
> 　Automation Anywhereは大変進化の速いソフトウェアです。そのため、レコーディングウィンドウの名称も将来的に日本語化される可能性が高いです。

3-2 レコーディングで電卓を操作してみよう

レコーディングって便利そうですね。ロボットを作るなんていうから、黒い画面で意味不明な文字列をパチャパチャやるのかと思いましたよ！

そんな怪しいクラッカーじゃあるまいし……。

▼ 電卓の操作をレコーディングする

では、実際に、レコーディングをしてみましょう。今回レコーディングで作成するのは電卓を自動操作する Bot です。あらかじめ決めておいた数字と＋ボタン、＝ボタンをクリックします。役に立たない Bot だと感じるかもしれませんが、マウスの動きを覚えさせる練習です。

レコーディングするには事前に、操作対象のアプリケーション（今回の場合は電卓）を起動しておく必要があります。

▼ 今回作る Bot

あらかじめ起動してある電卓に「3+8＝」と自動で入力するだけのシンプルな Bot を作ります。すべてのアクションをレコーディングで自動生成し、Bot 作成の流れをつかみます。

▌作成する Bot

名前	レコーディングテスト
説明	レコーディングテスト
フォルダー	デフォルト値（＼ Bots ＼）

▼ [手順]レコーディングで電卓操作

(1) レコーディングする前の準備とBotの作成

❶ Windowsの[スタート]メニューか
ら、「た」の項目にある「電卓」を起動し
ておく。

❷ Control Roomのホーム画面から
[Botを作成する]ボタンをクリック
し、[Task Botを作成]ダイアログを
表示させる。

❸ 名前欄に「レコーディングテスト」と
入力する。

❹ 説明欄に「レコーディングテスト」と
入力する。

❺ [作成と編集]ボタンをクリックする。

❻ 「レコーディングテスト　正常に作成
されました」と表示される。

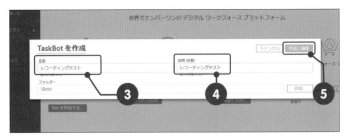

(2) レコーディング

❶ Botの開発環境であるBotエディター
の画面が開く。

❷ ツールバーの[レコード]をクリックす
る。

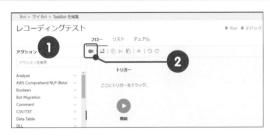

❸「コンピューターに展開しています」
　というダイアログが表示されるので、
　準備ができるまで待つ。

❹準備が整うと、[レコーダー]ダイアロ
　グが表示される。
❺レコーディングウィンドウ(対象の選
　択)が表示される。

❻レコーディングウィンドウ(対象の選
　択)の[Window or URL]欄のドロッ
　プダウンリストをクリックする。
❼電卓を選択する。
❽[Start recording]ボタンをクリッ
　クする。

> ボタンの名前は日本語化される可能性
> があります。その場合は該当の操作に
> 置き換えてください。

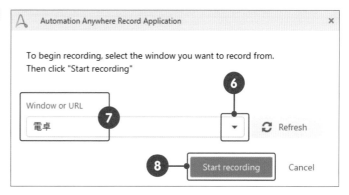

❾レコーディングウィンドウ(レコー
　ダー)が表示され、レコーディングが
　開始される。
❿あらかじめ起動しておいた電卓で、
　「3」を押す。
⓫「＋」を押す。
⓬「8」を押す。
⓭「＝」を押す。

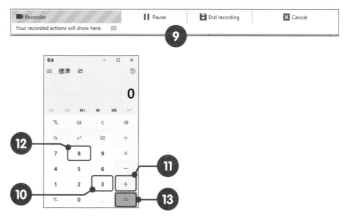

⑭4つの操作が記録されたことを確認する。

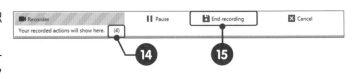

⑮レコーディングウィンドウ(レコーダー)の[End recording]をクリックする。

⑯アクションリストに4つのアクションが追加されていることを確認する。

⑰一番上の[レコーダーキャプチャ]アクションをクリックする。

⑱右側に操作の詳細が表示されるのでクリックした画像が表示されることを確認する。全てのアクションを同じように確認する。

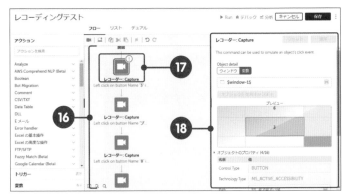

(3) 作成したBotを保存

❶[保存]ボタンをクリックし、「レコーディングテスト　正常に編集されました」と表示されてBotが保存されるのを確認する。

★Botが完成した。

Botは作成できたでしょうか。次の節で、実行してみましょう。

うまくいかないときのチェックポイント

保存や実行がうまくいかないときには、アクションアイコンに未適用マークや注意マークが表示されていないか確認しましょう。

Chapter3

3-3 作ったBotの管理と実行

思ったより簡単でした！次は実行しましょう！動かしてみたい！

ふふふ……。自分がやった動作をそのまま記録してくれるのって面白いでしょう。実行と管理について教えますね。

▼ [Bot]画面で作成したBotの一覧を見てみよう

作成したBotは、[Bot]画面に一覧として表示されます。[Bot]画面は、作成したBotを管理できる画面で、ステータスや変更者なども確認できます。

▍[手順][Bot]画面で作成したBotの一覧を見てみよう

❶ ナビゲーションウィンドウの[BOT]をクリックする。

❷ さらに[Bot]をクリックして[Bot]画面を開く。

❸ [ファイルとフォルダー]パネルにある作成したBot一覧に「レコーディングテスト」が追加されていることを確認する。

▼ Bot実行の方法2つ

作成したBotを実行する方法は2つあります。[Bot]画面から行う方法と、Botエディターから行う方法です。

［手順］　実行方法① ［Bot］画面から実行する

❶ いったん、電卓を閉じ、新たに電卓を起動しておく。

❷ ［Bot］画面のアクションメニューにポインタを合わせてメニューを開く。

❸ アクションメニューから［Task Botを実行］をクリックして、［Botをすぐに実行］画面を開く。

❹ 実行したいBotが選択されているのを確認する。

❺ ［Botをすぐに実行］ボタンをクリックする。

❻Botが実行され、電卓に自動で「3+8＝11」の操作が行われることを確認する。

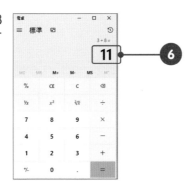

［手順］ 実行方法②Botエディターから実行する

Botを作成後すぐに実行したい場合は、Botエディターの画面から実行するのが便利です。Botを保存後、アクションボタンの［実行］ボタンをクリックするとBotを実行します。

❶電卓をクリアにした状態にして開いておく。

❷アクションボタンの［実行］ボタンをクリックしてBotを実行する。

❸Botが実行され、電卓に自動で「3+8＝11」の操作が行われることを確認する。

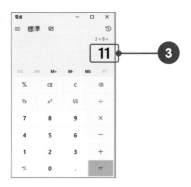

3-4 サブフォルダーの作成

練習としてレコーディングをいっぱいやってみたんですが、Botが管理しづらいです。これってフォルダーみたいなのは作れないんですか？

フォルダーを作って入れられますよ！最初からフォルダーの中にBotを作成することもできます。

 ## サブフォルダーの作成

さて、今回は、そのままBotを作成しましたが、これではたくさんBotを作ったときにゴチャゴチャしてくるので、フォルダーにまとめたいですね。実は、[Bot] 画面でフォルダーを作ることができます。

そこで、次に作るBotからフォルダーに入れられるよう、サブフォルダーを作ってみましょう。

Botではサブフォルダーを作成できる

［フォルダーを作成］画面

▼ ［手順］サブフォルダーの作成

［Bot］画面の［フォルダー］パネルから新しいフォルダーを作成します。これ以降はこのフォルダーに作成するBotを入れていきます。

▌作成するフォルダー

フォルダー名	テストフォルダー
説明	テストBot一覧
パス	デフォルト値（＼Bots＼）

❶［サブフォルダーを作成］ボタンをクリックする。

❷フォルダー名として「テストフォルダー」と入力する。

❸説明として「テストBot一覧」と入力する。

❹［フォルダーを作成］ボタンをクリックする。

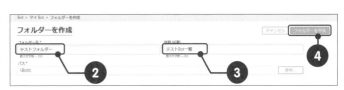

❺テストフォルダーが作成された。

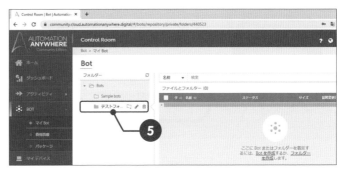

無事にフォルダーは作れたでしょうか。この後の章からは、このテストフォルダーの中にBotを作成します。フォルダー分けしてあると、Botの管理がしやすいのでうまく活用してください。

師匠は何にAutomation Anywhere を使っているんですか？

いろいろ使ってますよ。
請求書を自動で作らせたり、申請書類を作らせたり……。

便利そうですね！

だからこのあいだ、はるかさんの提出した交通費がまちがっていたのもすぐわかりましたよ。
Botにチェックさせました。
あんな金額じゃ、名古屋まで行けないでしょう！

お手数かけます……。

Chapter

4

手動でBotを作成して みよう

レコーディングには慣れたでしょうか。アクションリスト作成の手順がおおまかにつかめたところで、手動でのBot作成に挑戦してみましょう。手動での作成も、そんなに難しくありません。左側のパレットからドラッグ＆ドロップでリストを組んでいくだけです。プログラミングの経験がなくても大丈夫ですよ。

Chapter4

4-1 Hello Worldから はじめよう

クリックとか入力以外のことも やってみたいです。にゃんころ ん師匠！次のステップを教えて ください！

慣れてきたみたいなので、手動で のBot作成に挑戦してみましょう か。最初はおなじみHello World ですよ！

▼ 手動でBotを作成する場合の手順

　レコーディングに慣れたところで、次は手動でBotを作成してみましょう。アクションを手動で追加する以外は、レコーディングとやることは同じです。

　アクションは、ドラッグ＆ドロップでアクションリストに追加します。アクションは、動作ごとにまとめられていますが、アクションによっては見つけづらいこともあるでしょう。その場合、検索を上手に利用してください。

左のアクションパレットからドラッグ＆
ドロップで追加する

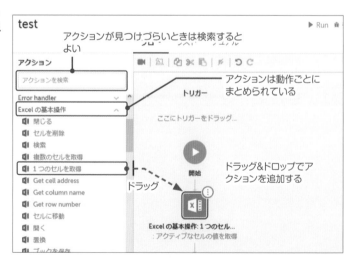

▼ メッセージボックスとは

手動でのBot作成の手始めとして、メッセージボックスを表示させるBotを作ってみましょう。

メッセージボックスとは、皆さんも一度は見たことがあるようなメッセージが記載されたウィンドウです。このウィンドウで「ハロー！」と表示するだけのBotを作ります。ちなみに、このように「ハロー！」「Hello World ！」「こんにちは」などの言葉を表示させるだけのプログラムを「Hello World」と言います。何かの言語を学ぶときに、最初に作ることが多く、初心者にはもってこいのプログラムです。

■ メッセージボックスの名称

メッセージボックスの各部には名称があります。Botを作成するときに、指定するので覚えておいてください。

メッセージボックスの名称

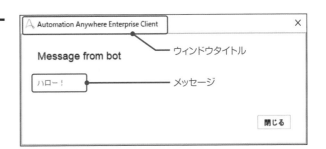

▼ 今回作る Bot

[メッセージボックス]アクションを使って、メッセージを表示するBotを作成します。ここでは[Bot]画面から作成し、「テストフォルダー」の中に作ります。

■ 今回使用するアクション

- メッセージボックス>メッセージボックス　　| **メッセージボックス**……メッセージボックスを表示する |

■ 作成するBot

名前	test041message
説明	メッセージボックスを表示
フォルダー	＼Bots＼テストフォルダー＼

事前準備

テストフォルダーのなかに新規Botを作成

　3章の終わりで、[Bot]画面の[フォルダー]パネルから「テストフォルダー」というサブフォルダーを作成しました。これ以降はこのフォルダーに作成するBotを入れていきます。以降の事前準備として、サブフォルダー内に新規Botを作成しておきましょう。

❶「テストフォルダー」をクリックする。
❷[Botを作成]をクリックする。

❸名前を入力する。
❹説明を入力する。
❺[作成と編集]ボタンをクリックする。

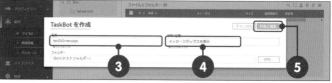

入力する内容

名前	test041message
説明	メッセージボックスを表示

[手順]Hello Worldをやってみよう

(1) アクションリストを組む

では「ハロー！」を表示するBotを作成してみましょう。

❶アクションパレットの[メッセージボックス]をクリックして下にメニューを展開させる。
❷展開したメニューから[メッセージボックス]をドラッグ＆ドロップする。

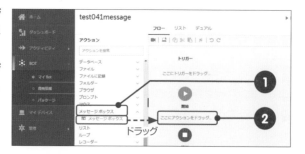

❸ [メッセージボックス]アクションアイ
コンをクリックして右側にアクション
の詳細パネルを表示させる。
❹ [表示するメッセージを入力します]
欄に表示したいメッセージ「ハロー！」
を入力する。
❺ [適用]ボタンをクリックする。

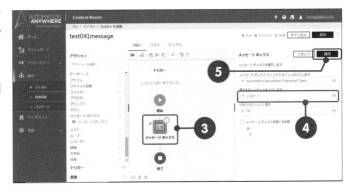

(2) 作成した Bot を保存

❶ [保存]ボタンをクリックする。

⭐ Bot が完成した。

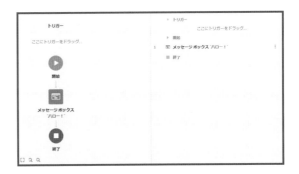

完成したら[実行]ボタンをクリックして実行してみましょう。メッセージボックスが表示されたら
成功です。[閉じる]ボタンをクリックしてください。

表示される「ハロー！」メッセージ

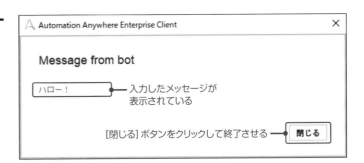

Chapter4

4-2 変数と入力ボックスを使ってみよう

メッセージボックスがでてくると、なんか「プログラム」っぽい感じですね。ちょっとワクワクします。

では、そのメッセージボックスを進化させて、名前を入れられるようにしましょうか。
こういう時には変数を使いますよ。

▼ 変数とは

Hello Worldはうまくいったでしょうか。次は変数（へんすう）に挑戦してみましょう。

変数とは、値（あたい）を格納する場所のことです。ちょっと難しそうな言葉がでてきましたが、そんなに難しくありません。たとえば、前の節で作った「ハロー！」というメッセージですが、この「ハロー！」の後にBotを実行した人の名前が出てきたら楽しいことでしょう。しかし、毎回「ハロー！はるか」「ハロー！にゃんころん」のようにBotを作り直すのも面倒です。

そこで登場するのが変数です。変数は、値を格納する場所、つまり「はるか」や「にゃんころん」のような言葉や数字などを入れられる場所です。このような言葉や数字などを「値」と言います。

変数を使うことで、「ハロー！○○」のように「ハロー！」の後は、固有名詞ではなく、「何かの値が入りますよ」と指定できるようになります。○○の部分は、「変数名」で指定します。Automation Anywhereでは変数名は、$と$で囲んで組み込まれます。

「ハロー！○○」──変数名で指定する

例：「○○」の部分を「onamae」という変数で指定する

「ハロー！$onamae$」

ここに名前が入る

変数名を指定してみよう

変数の作り方と管理

変数は、左側の［変数］メニューから作成できます。［変数］メニューでは、作成した変数の一覧が表示され、検索も可能です。

［変数］メニュー

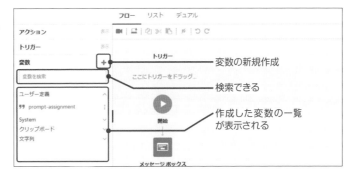

また、変数は、アクションの詳細に表示される［作成］ボタンからも作成できます。

［作成］ボタン

いずれの操作でも、変数を作成しようとすると、［変数を作成］ダイアログが表示されます。項目に必要な内容を入力し、［作成］ボタンを押すと変数が作成され、［変数］メニューに表示されます。

［変数を作成］ダイアログ

❶名前…変数の名前を指定します。変数名に＄を付ける必要はありません。自動的に付きます。

❷説明…記載は任意ですが、どのような変数か後からわかるように書いておきましょう。

❸変数の用途を指定するボタン群です。

❹タイプ…変数の型を指定します。

❺デフォルト値…最初に入れておく値を指定します。

❻保存…保存またはキャンセルします。

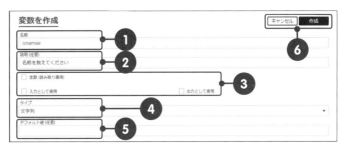

変数の型

　Automation Anywhereで使用できる変数の型には、以下のようなものがあります。よくわからない場合は、とりあえず文字は「文字列」と覚えておいてください。他の型は随時覚えていきましょう。

基本的な変数

変数の型	内容
文字列 (String)	文字列や記号、空白などを格納する。
数字 (Number)	15桁までの数字を格納する。
日時 (Datetime)	日付と時刻の情報を格納する。
Boolean	True (真) またはFalse (偽) の情報を格納する。
レコード (Record)	テーブル型の変数から抜き出された1行のデータを格納する。
任意 (Any)	任意のデータを格納できる。システム側でデータ型を判断するため、Bot間で引数を受け渡すときに利用する。

構造を持った変数

変数の型	内容
リスト (List)	文字列/数字、Booleanなどの値からなる配列変数で、リストには1次元データの値を追加することができる。
ディクショナリ (Dictionary)	キーに結び付けた値を格納する。
テーブル (Table)	行列からなる表形式のデータを格納する。Excel、CSV/TXT、データベースなどのデータ格納に使われる。

オブジェクトを示す変数

変数の型	内容
ファイル (File)	対象のファイルの場所を表すファイルパスを格納する。
ウィンドウ (Window)	ウィンドウタイトルとURLを格納する。

あらかじめ用意された変数

　変数メニューを開けると、「system」と書かれた変数が既に用意されています。これは、「システム変数」というもので、Automation Anywhereが用意している読み取り専用の変数です。特定の属性や情報を取得するのに使われます。

変数を組み込む

変数をアクションに組み込むには、使用する変数がアクションメニューに既に登録されている場合は、ドロップダウンリストから選べます。そうでない場合は、[変数を挿入] ボタンをクリックし、[変数を挿入] ダイアログを表示させて選択します。また、組み込まれるときには「$変数名$」と表記されます。

ドロップダウンリストから選択する

使用する変数が既に登録されている場合は、ドロップダウンリストから選択できる

[変数を挿入]ダイアログを使う

[変数を挿入] ダイアログは「Insert a value」と表記されていることもあります。

メッセージ ボックスを表示し [変数を挿入] ボタン

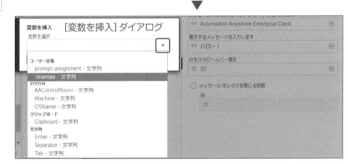

[変数を挿入] ダイアログ

変数は「$変数名$」の形式で組み込まれる

「$」マークは組み込まれるときに自動的に付くので自分で付ける必要はありません。

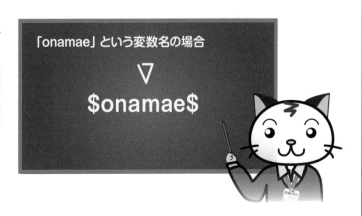

「onamae」という変数名の場合

▽

$onamae$

chapter04

▼ 入力ボックスとは

　実行者の名前を「ハロー○○」と表示するには、実行者に自分の名前を入力してもらい、それを変数に格納します。そのときに使うのが入力ボックスです。入力ボックスはメッセージボックスとは異なるもので、キーボードからテキストを入力してBotに送信するためのダイアログです。

入力ボックスの名称

　入力ボックスにも、各部には名称があります。Botを作成するときに指定するので、覚えておいてください。

入力ボックスの例

▼ Botの複製

　今回は、4-1で作成したBot「test041message」にアクションを追加して作成します。このような場合にはBotをコピーすると便利です。複製したいBotのアクションメニューから[Task Botをコピー]ボタンをクリックし、表示される[Task Botをコピー]ダイアログで名前を入力します。

[Task Botをコピー]ボタン

複製したいBotのアクションメニューから[Task Botをコピー]をクリックして[Task Botをコピー]ダイアログを表示

[Task Botをコピー]ダイアログ

今回作る Bot

今回作るBotは、入力ボックスに入力された内容を変数に入れ、変数に入った値をメッセージボックスに入れて表示するものです。

今回作成するBotの流れ

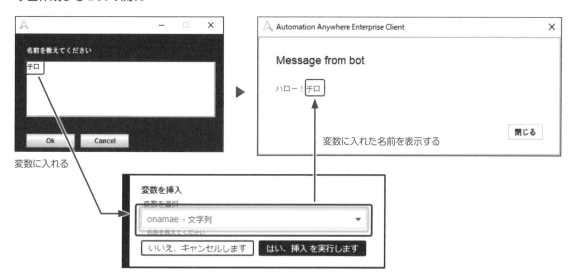

変数に入れる

変数に入れた名前を表示する

今回使用するアクション

- プロンプト>値の場合
- メッセージボックス>メッセージボックス

値の場合……入力ボックスを表示する
メッセージボックス……メッセージボックスを表示する

作成する変数と設定値

名前	onamae
説明	名前を教えてください
タイプ	文字列

作成するBot

名前	test042hensuu
説明	メッセージボックスを表示
フォルダー	＼Bots＼テストフォルダー＼

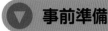

▼ 事前準備

入力ボックスを使うBotの材料として、4-1で作成したBot「test041message」を複製しておきましょう。

❶ アクションメニューを表示させて
[TaskBotをコピー]をクリックする。

❷ 名前として「test042hensuu」を入力
する。

❸ [コピー]ボタンをクリック。

❹ Botが作成されるので、クリックし
てBotエディターを開いておく。

▼ [手順]入力ボックスを使ってみよう

では入力ボックスを使うBotを作成していきましょう。

(1) 変数を作成する

❶ [変数]メニューをクリックして、下に
変数パレットを開く。

> 変数、アクション、トリガーの並び順
> は変更されることもあります。
> 一番下にない場合は、アクションの上
> を確認してください。

❷[＋]をクリックして、[変数を作成]ダイアログを表示させる。

❸[変数を作成]ダイアログで変数の[名前]に「onamae」と入力する。このとき、＄マークは付けなくてよい。

❹[説明]に「名前を教えてください」と入力する。

❺[作成]ボタンをクリックする。

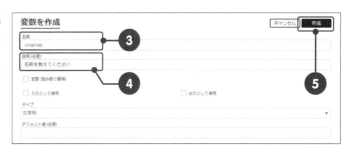

❻変数「onamae」が作成された。

（2）アクションリストを作る

❶クリックして[アクション]パレットを表示させる。

❷クリックして下に[プロンプト]をひらく。

❸[値の場合]を[開始]と[メッセージボックス]の間にドラッグ＆ドロップする。

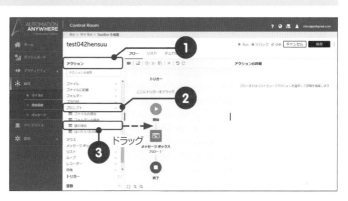

❹ [値の場合]のアクションアイコンを
クリックして、右側にアクションの詳
細パネルを表示させる。
❺ [プロンプトメッセージ]欄に表示さ
せるメッセージとして「名前を教えて
ください」と入力する。
❻ [値を変数に代入]欄にドロップダウ
ンリストから変数「onamae」を選択
する。
❼ [適用]ボタンをクリックする。

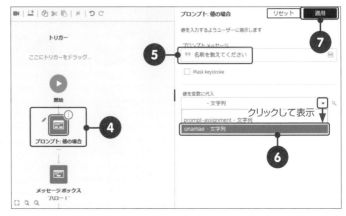

❽ [メッセージボックス]のアクションア
イコンをクリックして右側にアクショ
ンの詳細パネルを表示させる。
❾ [表示するメッセージを入力します]
欄の[変数を挿入]ボタンをクリック
する。

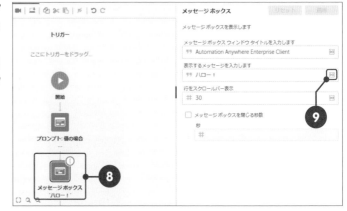

❿ クリックしてドロップダウンリストを
表示させる。
⓫ 変数[onamae]を選択する。

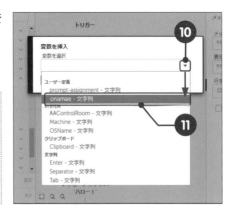

バージョンによっては、「変数を挿入」
ではなく、「Insert a value」と表記
されたダイアログが表示されます。そ
の場合は、[Variable]欄のドロップ
ダウンリストで変数を選択してくだ
さい。

⑫変数[onamae]が選択されているこ
とを確認する。

⑬[はい、挿入を実行します]ボタンを
クリックする。

> バージョンによっては、「挿入」が
> 「Insert」と表記されていることもあ
> ります。

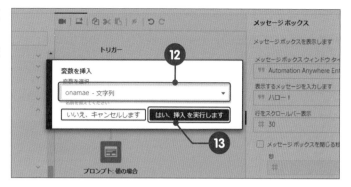

⑭[表示するメッセージを入力します]
欄の「ハロー！」の後ろに変数[ona
mae]が挿入された。

（表示は「$onamae$」と「$」でかこま
れた状態で表示される）

⑮[適用]ボタンをクリックする。

（3）作成したBotを保存

❶[保存]ボタンをクリックする。

★Botが完成した。

完成したら［実行］ボタンをクリックして実行してみましょう。入力ボックスが表示されるので、名前を入力してください。メッセージボックスが表示され、入力した名前が挿入されていたら成功です。閉じるボタンをクリックして終了してください。

［実行］ボタンをクリックすると表示される入力ボックス

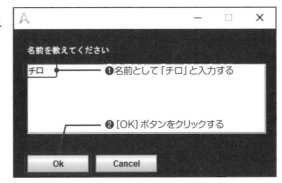

［OK］ボタンをクリックすると表示されるメッセージ

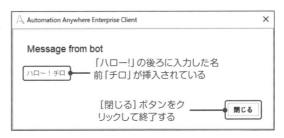

　変数は少し難しく感じたかもしれません。文言を変えてみたり、2回メッセージを出すなど、改造したものをいくつか作成して、慣れていくとよいでしょう。

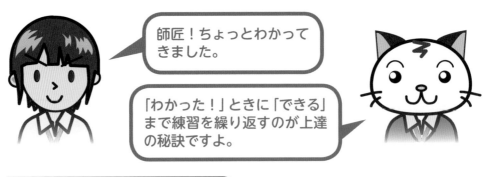

うまくいかないときのチェックポイント

うまくいかないときには、［適用］ボタンを押しわすれていないか確認してみましょう。

4-3 メモ帳に自動文字入力してみよう

変数ってもっと難しいものかと思ったら、意外と簡単なんですね。うまく使うといろんなことができそうです。

次は文字の自動入力をやってみましょう。文字が入れられるようになると、やれることの幅が広がりますよ。

▼ テキストを自動入力させる

メモ帳に自動的に文字を入力させてみましょう。文字の入力ができるようになると、Botの自由度がぐっと上がります。今回は、メモ帳を使用しますが、慣れてきたら、WordやExcelに入力するBotにも挑戦してみるとよいでしょう。

Botで自動的に文字を入力する

▼ 今回作るBot

あらかじめ起動しておいたメモ帳に、決めておいた文言を自動で入力します。

今回使用するアクション

・キーストロークのシミュレーション>キーストロークのシミュレーション

> **キーストロークのシミュレーション**……指定したキーを押す

作成するBot

名前	test043jidou
説明	メモ帳への自動文字入力
フォルダー	＼Bots＼テストフォルダー＼

▼ 事前準備

　テストフォルダー内で「test043jidou」という名前のBotを作成して、Botエディターで開いておきます（4-1事前準備を参照）。

▼ [手順]メモ帳に自動文字入力してみよう

(1) アクションリストを作る

❶Windowsの[スタート]メニューから、「W」の項目にある[Windowsアクセサリ]から[メモ帳]を起動しておく。

❷[キーストロークのシミュレーション]をクリックして、下にアクションを展開させる。

❸展開した[キーストロークのシミュレーション]をドラッグ＆ドロップする。

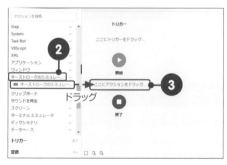

④ [キーストロークのシミュレーション]
アイコンをクリックして、右側にアク
ションの詳細パネルを表示させる。

⑤ [ウィンドウ]ボタンをクリックする。

⑥ [ウィンドウを更新]ボタンをクリック
して、パソコン上で表示されている
ウィンドウを反映させる。

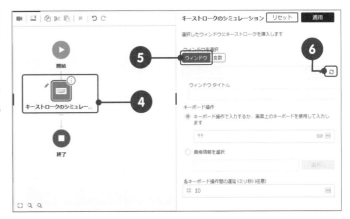

⑦ [ウィンドウを更新しています]が表
示される。

⑧ あらかじめ起動しておいたメモ帳を
選択する。

⑨ メモ帳が選択された。

⓾ [キーボード操作] 欄で自動入力した
い文字として「春はあけぼの」と入力
する。
⓫ [適用] ボタンをクリックする。
⓬ [保存] ボタンをクリックする。

(2) Botが完成した

★Botが完成した。

　完成したら [実行] ボタンをクリックして実行してみましょう。あらかじめ起動しておいたメモ帳に
[キーボード操作] 欄で入力した文字、「春はあけぼの」が自動入力されれば成功です。このメモ帳に入
力されたテキストファイルは、次の「4-4 メモ帳のファイルを保存しよう」のBot作成の際に使います。
「akebono.txt」と名前を付けてデスクトップに保存しておきましょう。

メモ帳に自動入力された文字列

うまくいかないときのチェックポイント

　このBotは、2度目に実行すると失敗してしまうことがあります。これはウィン
ドウタイトルが「＊無題」のように先頭に「＊（アスタリスク）」マークが、付い
てしまうためです。
　この場合は、手順⑨のウィンドウタイトルの先頭に「＊」を入力してください。

4-4 メモ帳のファイルを 保存しよう

自動で文字が打てました！
すごい！ロボットっぽい！！自分が何もしてないのに文字が打ち込まれるのって不思議ですねぇ！

ふふ。楽しそうで何よりです。文字を入力する前後として、ファイルを開いたり、保存するのも自動でやってみましょうか。

▼ 書き込んだファイルに名前を付けて保存する

書き込んだファイルに名前を付けて保存するBotを作成します。「4-3 メモ帳に自動文字入力してみよう」で自動文字入力したメモ帳のファイルに、自動で同じ文言を追記して保存するBotを作ってみましょう。

既にあるファイルに同じ言葉を追記する

```
*無題 - メモ帳                              －  □  ×
ファイル(F)  編集(E)  書式(O)  表示(V)  ヘルプ(H)
春はあけぼの



                    既にあるファイルに追記
```

▼

```
akebono.txt - メモ帳                        －  □  ×
ファイル(F)  編集(E)  書式(O)  表示(V)  ヘルプ(H)
春はあけぼの春はあけぼの

 上書き保存する
```

chapter04

今回作る Bot

「4-3 メモ帳に自動文字入力してみよう」で自動文字入力したメモ帳を開いて、追記して保存する Botを作成します。「akebono.txt」を開くように設定し、「春はあけぼの」と書き込んだら、上書き保存します。上書き保存として、[Ctrl] キー＋ [S] キーのショートカットキーを使用しますが、レコーディングを使用してマウス操作でも構いません。

今回は4章のまとめですから、手作業ですべて作成しますが、面倒な場合は、「4-3 メモ帳に自動文字入力してみよう」のBotを複製し、改造して作ってもよいでしょう。

今回使用するアクション

- アプリケーション＞プログラム／ファイルを開く
- キーストロークのシミュレーション＞キーストロークのシミュレーション

作成するBot

名前	test044hozon
説明	ファイルを保存する
フォルダー	＼Bots＼テストフォルダー＼

 事前準備

テストフォルダー内で「test044hozon」という名前のBotを作成して、Botエディターで開いておきます（4-1 事前準備を参照）。4-3で作成したメモ帳のファイルに「akebono.txt」と名前を付けてデスクトップに保存し、メモ帳で「akebono.txt」を開いておきます。

▼ [手順] メモ帳のファイルを保存しよう

（1）ファイルを開くように設定する

❶アクションパレットの[アプリケーション]をクリックして、下にメニューを展開する。

❷展開したメニューから[プログラム／ファイルを開く]をドラッグ＆ドロップする。

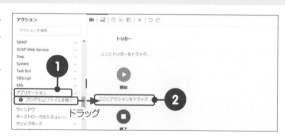

❸ [プログラム/ファイルの場所]の[参照]ボタンをクリックする。

❹ ローカルファイルパスを選択しているので、しばらく待つ。

❺ [Select file]ウィンドウが開くので、デスクトップで保存しておいた「akebono.txt」を選択する。
❻ [開く]ボタンをクリックする。

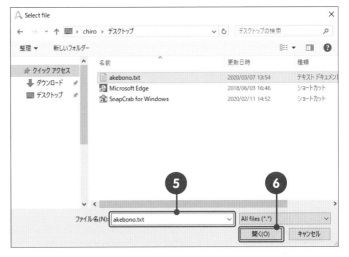

❼ [プログラム/ファイルの場所]に「akebono.txt」が選択されているのを確認する。
❽ [適用]ボタンをクリックする。

(2) メモ帳への書きこみ設定する

❶アクションパレットの[キーストロークのシミュレーション]をクリックして下にメニューを展開する。

❷展開したメニューから[キーストロークのシミュレーション]をドラッグ＆ドロップする。

❸[ウィンドウ]ボタンをクリックする。

❹[ウィンドウを更新]ボタンをクリックして現在開いているウィンドウを反映させる。

❺ドロップダウンリストから「akebono.txt」を選択する。

❻[キーボード操作]欄に自動入力したい文字「春はあけぼの」を入力する。

❼[適用]ボタンをクリックする。

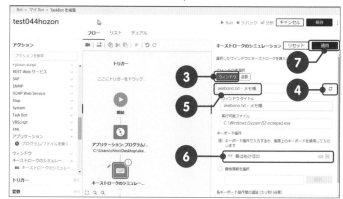

(3) メモ帳の保存を設定する

❶アクションパレットの[キーストロークのシミュレーション]をクリックして、下にメニューを展開する。

❷展開したメニューから[キーストロークのシミュレーション]をドラッグ＆ドロップする。

❸[ウィンドウ]ボタンをクリックする。

❹[ウィンドウを更新]ボタンをクリックして、現在開いているウィンドウを反映させる。

❺クリックしてドロップダウンリストを展開し、「akebono.txt」を選択する。

❻「akebono.txt」が選択されたことを確認する。

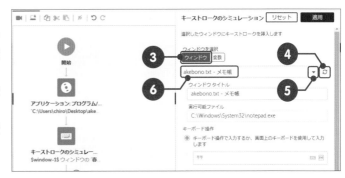

❼[キーボード操作]欄の[キーストロークを挿入]ボタンをクリックする。

❽下にキーボード一覧が展開される。

❾[Ctrl]ボタンをクリックする。

❿[キーボード操作]欄に[CTRL DOWN]と[CTRL UP]が入力される。

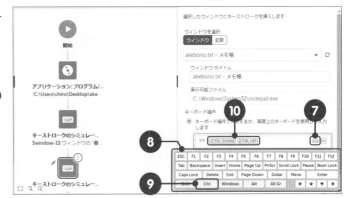

⓫[CTRL DOWN]と[CTRL UP]の間に英数半角で「s」を入力する。

⓬[適用]ボタンをクリックする。

⓭[保存]ボタンをクリックする。

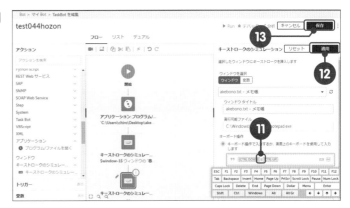

✪Botが完成する。

　完成したら、事前準備で開いておいたメモ帳「akebono.txt」をいったん閉じます。それから［実行］ボタンをクリックして実行してみましょう。メモ帳「akebono.txt」が開き、「春はあけぼの」と自動で追記され、自動保存されていれば成功です。

Botの実行結果

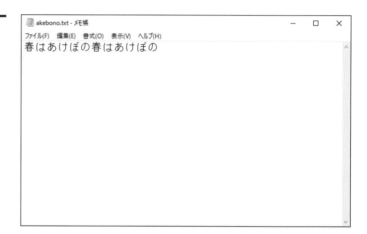

うまくいかないときのチェックポイント

- メモ帳は「テキストエディタ」と呼ばれる種類のソフトウェアです。そのため、メモ帳以外のテキストエディタがパソコンにインストールされているときは、そちらのソフトが起動することがあります。
- ［キーボード操作］欄の［CTRL DOWN］と［CTRL UP］の間に正しく記述されているか、確認しましょう。

便利なアクションパッケージ

　便利なアクションパッケージをいくつか紹介しておきましょう。これ以外にも、面白い機能がいろいろありますから、探してみるとよいですよ。

基本的な操作に関わるアクションパッケージ

　文字列操作や日時など、基本的な操作に関わるアクションです。

項目	内容
Boolean	「代入」「比較」「文字列に変換」など、条件指定に使うアクションが含まれたパッケージです。
If	条件が成り立ったときと成り立たなかったときに処理を分岐する「If」や「Else」、「If Else」が含まれたパッケージです。
ループ	指定した回数繰り返したり、Excelなどで取得した全データを1つずつ取り出して繰り返したりしたいときに使うパッケージです。ループを途中で止める「Break」や、中断してループの最初に戻る「Continue」も含まれています。
数字	「代入」や「インクリメント（値を1増やす）」「デクリメント（値を1減らす）」「文字列に変換」というアクションが含まれたパッケージです。
文字列	「代入」「検索」「比較」「数値に変換」など、文字列操作をするアクションが含まれたパッケージです。
日時	「追加」「減算」「指定日より後の日時」「指定日より前の日時」など、日時の計算や比較をするアクションが含まれたパッケージです。
Comment	プログラムを見やすくするためのコメントを入れたいときに使うアクションです。
Step	プログラムを見やすくするために、いくつかのアクションをグループ化して、ひとまとめにするときに使うアクションです。

アプリケーション操作に関わるアクションパッケージ

　ファイルを開く、プログラムを起動するなど、アプリケーション操作に関わるアクションパッケージです。

項目	内容
アプリケーション	「プログラム/ファイルを開く」が含まれたパッケージです。アプリケーションを起動するときに使います。
ウィンドウ	「アクティブにする」「閉じる」「最大化」「最小化」など、ウィンドウ操作するアクションが含まれたパッケージです。
メッセージボックス	ユーザーにメッセージを表示する「メッセージボックス」というアクションが含まれたパッケージです。
クリップボード	「コピー元」「コピー先」「消去」という、クリップボード操作をするアクションが含まれたパッケージです。
スクリーン	「領域をキャプチャ」「デスクトップをキャプチャ」「ウィンドウをキャプチャ」というアクションが含まれたパッケージです。スクリーンキャプチャして画像ファイルに保存できます。

ファイルやフォルダーの操作に関わるアクションパッケージ

ファイルのコピーや作成など、ファイルやフォルダーの操作に関わるアクションパッケージです。

項目	内容
ファイル	「コピー」「作成」「削除」「名前の変更」「印刷」など、ファイル操作するアクションが含まれています。
フォルダー	フォルダーに対する、上記と同等のアクションが含まれています。

　Excelの操作に関わるアクションパッケージは5章、Webやユーザー操作に関わるアクションは6章で紹介しています。

「代入」とか「if」って何ですか？

「代入」は取得した値（あたい）を入れるものです。
「if」はその名のとおり「もし〜なら」と条件によってふるまいをかえるものです。「if」は6章でならいますよ。

Webスクレイピングに挑戦しよう

Webサイトから特定の情報を収集することを、「Webスクレイピング」といいます。Webスクレイピングは、普段の仕事でも行うことの多い作業でしょうから、ぜひ身につけて活用してください。収集した情報は、更にAutomation Anywhereでデータを整理するとよいでしょう。

5-1 Webスクレイピングをしてみよう

そういえば、Webスクレイピングというものもできると聞きました。Webスクレイピングって何ですか？

Webスクレイピングは指定したサイトからデータを抽出することです。手作業でやると面倒ですが、Automation Anywhereを使えば、簡単にできますよ。

▼ Webスクレイピングとは

　仕事をしていると、Webサイトから、情報をコピーしてきたり、表を使いたいな、と思うことがありますね。ほとんどの皆さんには経験のあることでしょう。このようにWebサイトからデータを抽出することを「Webスクレイピング」と言います。Automation Anywhereを使えば、Webスクレイピングを自動で行うことができます。

　デジタルワークフォースを使ったWebスクレイピングが得意なことは、「構造化されたデータ」を定期的に取得したり、複数ページに渡った情報を繰り返し取得することです。もし人間が、手作業でWebスクレイピングを行うとしたら、おおよそ次のように動くと考えてよいでしょう。

- - - - - - - - - - - - - - - - - - -
Webスクレイピングの動き

①ブラウザで該当のWebサイト（URL）にアクセスする

②取得したい情報を範囲指定する

③範囲指定した情報をコピーする

④WordやExcelにペーストする

どれもAutomation Anywhereで実現できそうですね。取得したい情報の範囲指定だけが難しそうですが、これは「構造化されている」場合、簡単に指定できます。

構造化されているデータ

「構造化されているデータ」とは、表やリストのように、同じ種類のデータが整理されて繰り返し並んでいるようなデータのことです。Webサイトは、「HTML」という言語で記述されており、皆さんが見ているWebサイトも、「HTMLタグ」[*1]を使って書かれています。このHTMLタグでの記述が、構造化されているWebサイトは範囲指定しやすいのですが、きちんとしていないと、範囲指定しづらい特徴があります。これはAutomation Anywhereだけでなく、いろいろなソフトウェアで起こりやすい問題です。

構造化されていないWebサイトは、中身（HTMLソース）を見てみないと外見から判別はつきません。また、ユーザーからどうにかできるようなものではないので、Automation Anywhereでうまく範囲指定できない場合は、取得した後に工夫するなど、その他の工夫が必要です。

- -
構造化されている場合とされていない場合

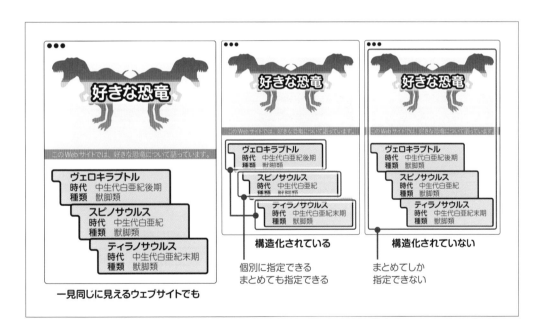

----

*1 Google Chromeで該当のページ上で右クリックし、「ページのソースを表示」で確認できる。確認した後は、閉じればよい。

今回作るBot

　自動でWebスクレイピングするBotを作ります。構造化されていないデータでは取得しづらいので、確実に構造化されている表を使います。

　Webページ上の表[*2]（テーブル）から抽出したデータを CSV ファイル[*3] に書き込みます。流れとしては、［キャプチャ］アクションで該当箇所を捉えることでデータを抽出します。抽出したデータは「datatable[*4]」という名前の変数（型はテーブル）に格納するため、変数を作成します。次に［ファイルに書き込む］アクションで、エクスポートの設定をします。［ファイルに書き込む］は、ファイルに書き込むアクションです。

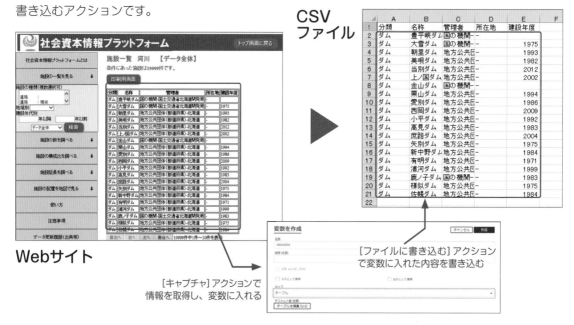

CSV
ファイル

Webサイト

［キャプチャ］アクションで
情報を取得し、変数に入れる

［ファイルに書き込む］アクション
で変数に入れた内容を書き込む

ブラウザを2つ使用

　今回は、データを取得する対象がブラウザです。そのため、Automation AnywhereのControl Roomを開くものとは別のウィンドウが必要となります。タブの切り替えでもできますが、動作をわかりやすくするため、データを取得される側のページをInternet Explorer[*5]で開き、Google Chromeで開いたAutomation AnywhereでWebスクレイピングを操作します。Internet Explorerは、Windowsスタートメニューの「W」の項目にある「Windows アクセサリ」の一覧にあります。

---

　*2 表は、「テーブル」とも言う。
　*3 データがカンマで区切られた形式のテキストファイル。一般的にExcelで開くことが多いため、事務作業で使用する場合は、xlsxファイル（Excelのファイル形式）と似たようなものと思ってよいが、画像や関数、書式などは保存できない。Excelやメモ帳で作成・編集できる。

Internet Explorerが使用できない場合は、Google Chromeで新しいウィンドウ[*6]を開いてください。

Internet Explorer

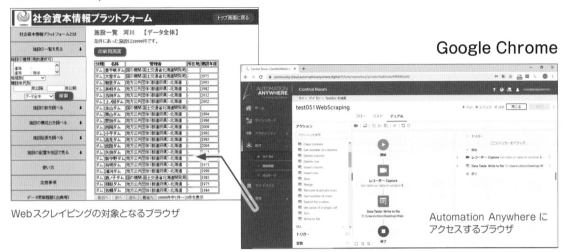

Webスクレイピングの対象となるブラウザ

Google Chrome

Automation Anywhere にアクセスするブラウザ

今回使用するアクション

- レコーダー>キャプチャ
- データテーブル>ファイルに書き込む

キャプチャ……対象の情報を取得するアクション
ファイルに書き込む……ファイルに書き込むアクション

作成する変数

名前	datatable
タイプ	テーブル

作成するBot

名前	test051WebScraping
説明	抽出データをCSVファイルに保存する
フォルダー	テストフォルダー（\Bots\テストフォルダー\）

「テストフォルダー」内でBotを作成し、Botエディターを開いておく（4-1事前準備を参照）。

---

*4「datatable」は任意の変数名。自分で区別が付くならば、「shihon」「damu」など好きな名前にして構わない。
*5 Microsoft Edgeは、2020年3月現在未対応。
*6 新しいウィンドウは、画面右上にある［Google Chromeの設定］から［新しいウィンドウ］をクリックすることで、開くことができる。もしくは、Ctrlキーを押しながらNキーを押してもよい。よくわからない場合は、タブとして開いて、タブのタイトル部分をドラッグ＆ドロップで現在開いているウィンドウから外に出すことでも新規ウィンドウを開くことが可能。

chapter05

【CSVファイルを作成】

Webサイトから抽出したデータを書き込むCSVファイルをあらかじめ作成しておきます。Excelを開き、何も記入しない状態で、CSV形式で保存します。

CSVファイルとして保存するには、［ファイルの種類］で［CSV］を選択します。ファイル名は「WebScraping. csv」[*7]とし、デスクトップに保存してください。

【Internet Explorerでターゲットページを開く】

Internet Explorerで情報を抽出したいページを開いておきます。ここでは「社会資本情報プラットフォーム (https://www.ipf.mlit.go.jp/asset/ index)」の赤枠で囲ったテーブルからデータを抽出します。

このページを開いておいてください。

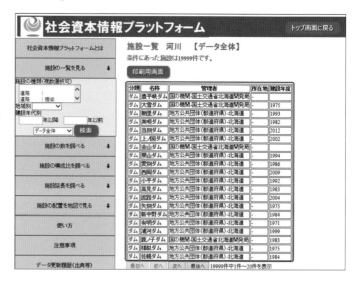

---

*7 CSVファイルの名前も任意のもので構わないが、ファイル名指定のところで間違えないように注意のこと。

▼ [手順]Webスクレイピングしてみよう

（1）Webサイトからデータを取得する

❶アクションパレットの[レコーダー]を
　クリックする。

❷[キャプチャ]をドラッグ＆ドロップす
　る。

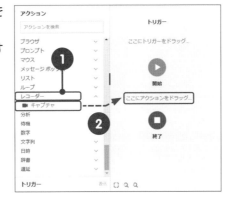

❸[ウィンドウ]ボタンをクリックする。

❹[ウィンドウを更新]ボタンをクリック
　して現在開いているウィンドウを反
　映させる。

❺ドロップダウンリストから、Internet
　Explorerで開いておいた「社会資本
　情報プラットフォーム」を選択する。

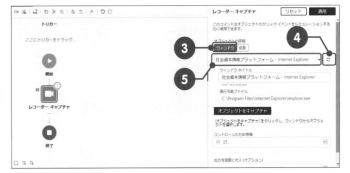

❻[オブジェクトをキャプチャ]ボタンを
　クリックする。

chapter05

❼あらかじめ開いておいたInternet
Explorerの画面が前面に表示され
る。

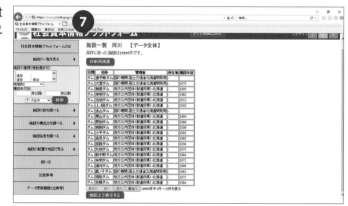

❽そのまま待つと、マウスポインタの
周りに赤枠でコントロールの選択領
域が表示されるようになる。目的の
領域にマウスポインタを置いて、表
の全体が赤く囲われたら、クリック
する。

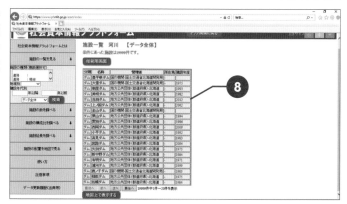

❾表のプレビューとプロパティがキャ
プチャされている。

プレビュー

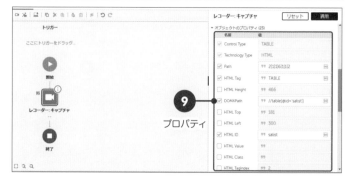

プロパティ

（2）抽出した表の内容を変数に格納する

❶ [アクション]で、ドロップダウンリストから[テーブルを取得]を指定する。

❷ [変数]をクリックして[変数]メニューを開く。

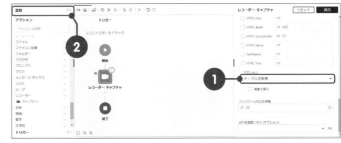

❸ [+]（変数を作成）ボタンをクリックする。

❹ [変数を作成]ダイアログが表示される。名前は「datatable」と入力し、タイプはドロップダウンリストから[テーブル]を指定して、[作成]ボタンをクリックする。

❺ [出力を変数に代入]で、ドロップダウンリストから作成した変数[datatable-テーブル]を指定する。

❻ [適用]ボタンをクリックする。

（3）変数に格納した情報をCSVファイルに書き込む

❶アクションパレットの[データテーブ
ル]をクリックする。

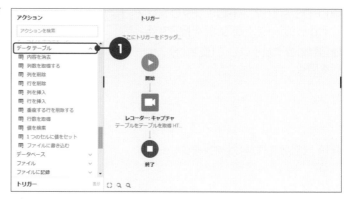

❷[ファイルに書き込む]を[キャプ
チャ]の下にドラッグ＆ドロップする。

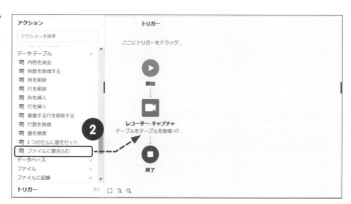

❸[データテーブル名]でドロップダウ
ンリストから、前述の手順④で作成
した変数「datatable-テーブル」を指
定する。

❹[ファイル名を入力]で、[参照]ボタン
をクリックする。

❺しばらく待つと[Select file]ダイアログが表示されるので、事前準備であらかじめデスクトップに保存しておいた「WebScraping.csv」を指定して[開く]ボタンをクリックする。

❻[フォルダー／ファイルが存在しない場合は作成する]のチェックボックスをクリックしてONにする。
❼[書き込み時]の[既存のファイルを上書き][*8]のラジオボタンをクリックして選択する。
❽[適用]ボタンをクリックする。

（4）作成したBotを保存する

❶[保存]ボタンをクリックする。

----

*8 バージョンによっては、メニュー名が［Create folders/files if it does not exist］［When writing］［Overwrite existing files］のように英語表記の場合がある。

✪Botが完成した。

　完成したら、[実行] ボタンをクリックして実行してみましょう。実行が始まると、Internet Explorer
で開いておいたターゲットページが前面に表示されます。「Botが正常に実行されました。」という画面
が表示されたら完了です。

　デスクトップに保存しておいた「WebScraping.csv」をExcelで開いてみましょう。ターゲットページ
で指定した内容が取得されていれば成功です。

　なお、表の状態によってはExcelへの取り込み後に、セルの内容の微修正が必要になる場合がありま
す。

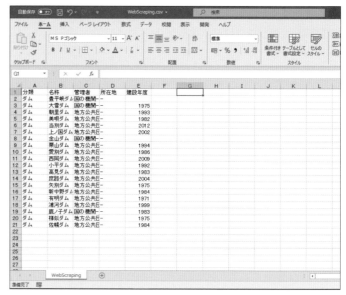

うまくいかないときのチェックポイント

- どうしてもうまくいかない場合は、ブラウザを変更してみてください。
- ファイルの指定があっているか確認してみましょう。

［ポイント］オブジェクトのキャプチャがうまくできない場合

　[手順]（1）⑧では、ターゲットページの目的の領域が赤く囲まれた状態でクリックすることにより、キャプチャします。しかし、この目的の領域がうまく囲まれないということがあります。その原因の1つとして、マウスポインタを速く動かしすぎていることが考えられます。選択領域を認識するまでは少し時間がかかるので、マウスポインタは目的の領域のそばでゆっくり動かすように心がけてください。

　また、オブジェクトのキャプチャに失敗しても、［オブジェクトを再キャプチャ］ボタンをクリックすればやり直しができるので、心配はいりません。

ターゲットページをGoogle Chromeで開く場合

　この章ではターゲットページをInternet Explorerで開き、Webスクレイピングを行いました。Google Chrome上でWebスクレイピングを行いたい場合は、Automation Anywhere用のChrome拡張機能のインストールが必要です。Chrome拡張機能はBot Agentをインストールする際に一緒にインストールされています。

　Google Chrome上でWebスクレイピングを行おうとする際、正しく目的のオブジェクトを指定できない現象が起こることがあります。1つは、ページ内の要素を囲う赤枠が表示されないという現象です。もう1つは、目的の要素を指定しようとマウスカーソルを動かしても、赤枠がChromeウィンドウ全体を選択してしまうという現象です。

　その原因として考えられるのは、Chrome拡張機能です。Chrome拡張機能がインストールされていなかったり、正しいバージョンでなかったり、正しくインストールされていても有効になっていないか、設定値が間違っていたりすることが考えられま

す。そういった場合は、Chromeの拡張機能の設定ページを開いて、一度すべての
Automation Anywhere用のChrome拡張機能を削除してください。それから、
Chrome Webストア上からv11.x.xを再インストールしてください。再インストール
後にターゲットページを開き直してからキャプチャを実施すれば、正しく赤枠が表示さ
れるはずです。

複数ページに対して行いたい場合

　本章では、1つの表に対するWebスクレイピングを行いましたが、複数ページ
にまたがって使用したいときもあるでしょう。その場合は、[次へ] などの次のペー
ジに移動するボタンをクリックしたり、次のページのURLを直接指定するなどし
て、ページを遷移させると対応できます。

▼ 便利なアクションパッケージ

5章に関連した便利なアクションパッケージをいくつか紹介しておきましょう。

ユーザー操作に関わるアクションパッケージ

マウス操作やキーボードからの入力など、ユーザー操作に関わるアクションパッケージです。

レコーダー	「キャプチャ」というアクションが含まれたパッケージです。ウィンドウやテキストボックスへの文字入力やボタンクリックなどのマウス操作をするときに使います。
キーストロークのシミュレーション	「キーストロークのシミュレーション」が含まれたパッケージです。ショートカットキー入力するときに使います。
マウス	「クリック」「移動」「スクロール」というアクションが含まれたパッケージです。ウィンドウに対してに限らず、マウス操作全般をするときに使います。

PDFやブラウザに関わるアクションパッケージ

PDFの操作や、ブラウザの操作など、PDFやブラウザに関わるアクションパッケージです。

| PDF | 「テキストを抽出」「画像の抽出」「ドキュメントを分割」など、PDFからデータを取り出すアクションや、「ドキュメントを暗号化」「ドキュメントを復号化」という暗号化操作するアクションが含まれています。 |
| ブラウザ | 「Webサイトを開く」「ファイルをダウンロード」など、ブラウザ操作するアクションが含まれています。 |

Chapter

6

Excelから業務システムに入力してみよう

この本で学んだことの集大成として、Excelのデータを業務システムに自動入力するBotを作成します。今までのBotと比べると、長く、複雑ですが、ゆっくりやっていけば大丈夫です。複数のソフトウェアの操作は、RPAツールの得意とする分野です。このサンプルで慣れたらオリジナルのBotも作ってみてくださいね。

6-1 業務システムを自動起動してログインする

使い方もわかってきたので、そろそろ大物に挑戦したいです！できれば、私が喫茶店でサボれるようなロボットを作れると最高です！

はるかさんのサボりに加担するかどうかは別として、そろそろ大物に挑戦してもよいかもしれませんね。Excelから業務システムに自動入力するBotを作成してみましょう。

▼ Excelから業務システムへ自動入力するBotを作成しよう

　この章では、本書の集大成として、実際の業務でありそうな、業務システムへの入力を扱います。これまでやってきたことに比べると、かなりの大物です。そのため、内容を4つにわけて作ることにしました。1つずつ動くようにしていけば、最終的にしっかりとしたBotを作成できるので、挑戦してみてください。

どんな作業をさせるのか

　では実際にどのような作業をさせるのか、作成するBotの全体像をお話ししていきましょう。今回登場するソフトウェアは2つです。1つは業務システム、そしてもう1つは Excel です。

　業務システムは、倉庫管理システムや、従業員を管理するシステムなど、個々の企業が使用しているシステムを想定しています。IDとパスワードでログインして情報を入力するようなタイプです。Excelには、業務システムに入力する内容がまとまっていて、ここから情報を転記します。

　Botには、業務システムを自動で立ち上げログインして、そこに Excel から読み込んだ値を入力させます。

　この仕組みは、いろいろと応用が効くので、作り終わったらこれを参考にして、自分の環境に合ったBotを考えてみてください。

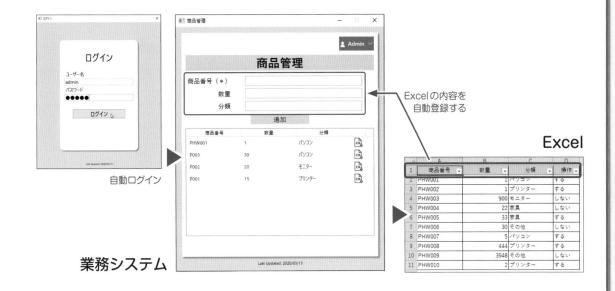

自動ログイン

業務システム

Excelの内容を
自動登録する

Excel

6-1で業務システムを自動で立ち上げ、ログインするまでを扱います。6-2では、立ち上げた業務システムに対し、Excelから読み込んだ値を1つだけ（1行分だけ）自動入力する操作を扱います。もちろん1つ入れるだけでは、作業が楽にならないので、6-3ではこれを自動で繰り返せるようにループ（繰り返し）という処理を組み込みます。

大まかな作業としては、6-3までで 一段落といったところですが、その後6-4で条件分岐させることで、さらに複雑なことができるBotへと進化させます。

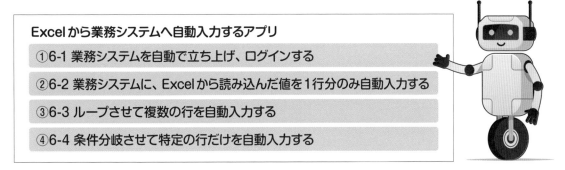

Excelから業務システムへ自動入力するアプリ

①6-1 業務システムを自動で立ち上げ、ログインする

②6-2 業務システムに、Excelから読み込んだ値を1行分のみ自動入力する

③6-3 ループさせて複数の行を自動入力する

④6-4 条件分岐させて特定の行だけを自動入力する

Bot作成例に登場させる業務システムは、皆さんの会社が実際に使っているシステムを使うわけにはいかないので、本書ではサンプルとして、学習用にオリジナルの「商品管理システム」を用意しました。学習用「商品管理システム」および、学習で使うExcelファイルのダウンロードについては、本書(7)ページの「サンプルファイルのダウンロード」を確認してください。

なお、この業務システムは、ファイルを置いてダブルクリックで起動すれば実行でき、ファイルを削除すればそのままパソコンからアンインストールすることができます。安心してください。

今回作る Bot

6-1 では、自動で業務システムを起動してログインするまでを扱います。業務システムを起動し、あらかじめ Bot に入力しておいた ID とパスワードを入力してログインする流れです。

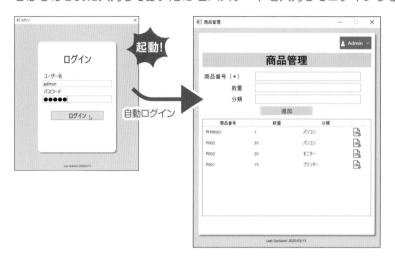

業務システム

今回使用するアクション

- アプリケーション>プログラム／ファイルを開く
- レコーダー>キャプチャ

> **プログラム／ファイルを開く**……ファイルを開くアクション。今回は業務システムを起動させるのに使う。
> **キャプチャ**……ボタンやテキストボックスなどのさまざまな対象を操作したり、入力されている値や設定値などを取得するアクション。ID とパスワードの入力に使う。

作成する変数

名前	syouhinkanri
タイプ	テーブル

業務システムのログイン情報

サンプルとして使用する「商品管理システム」のログイン ID とパスワードです。

ID	admin
パスワード	admin

作成するBot

名前	test061yomitori
説明	Excelから読み取って業務システムに入力する
フォルダー	テストフォルダー（＼Bots＼テストフォルダー＼）

テストフォルダー内でBotを作成し、Botエディターを開いておきましょう（4-1事前準備を参照）。

▼ 事前準備

ダウンロードした業務システム「Demo Form.exe」をデスクトップで起動し、[ログイン]画面を開いておきます。

▼ [手順] 商品管理システムを起動しよう

（1）商品管理システムを起動する

❶アクションパレットの[アプリケーション]をクリックする。

❷[プログラム／ファイルを開く]をドラッグ＆ドロップする。

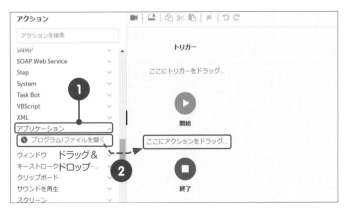

❸[プログラム／ファイルの場所]の[参照]ボタンをクリックする。

❹ローカルファイルパスを選択しているので、しばらく待つ。

❺[Select file]ウィンドウが開くので、デスクトップで保存しておいた「DemoForm.exe」を選択する。

❻[開く]ボタンをクリックする。

❼ [プログラム／ファイルの場所]に
「DemoForm.exe」が選択されてい
るのを確認する。

❽ [適用]ボタンをクリックする。

❾ アクションパレットの[レコーダー]を
クリックする。

❿ [キャプチャ]を[プログラム／ファイ
ルを開く]の下にドラッグ＆ドロップ
する。

（ここから先は全て、前の手順でド
ラッグ＆ドロップしたアクションの下
に順番にドラッグ＆ドロップしてい
く）

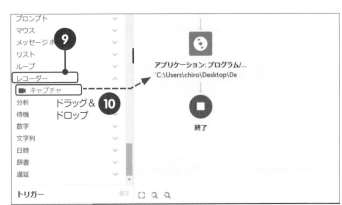

⓫ [ウィンドウ]ボタンをクリックする。

⓬ [ウィンドウを更新]ボタンをクリック
して、現在開いているウィンドウを
反映させる。

⓭ ドロップダウンリストから、起動し
ておいた業務システム「DemoForm.
exe」の[ログイン]画面を選択する。

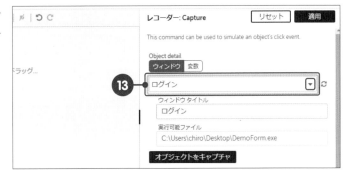

(2)「ユーザー名」を自動入力する

❶ [オブジェクトをキャプチャ]ボタンを
クリックする。

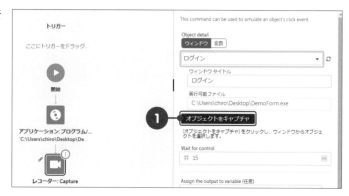

❷ あらかじめ開いておいた業務システ
ムの[ログイン]画面が前面に表示さ
れる。

❸ そのまま待つと、マウスポインタが
指し示すボタンやテキストボックス
などのコントロールの周りに赤枠の
選択領域が表示されるようになる。
目的の「ユーザー名」入力欄にマウス
ポインタを置いて、テキストボック
ス全体が赤く囲われたら、クリック
する。

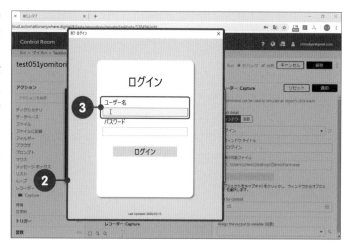

❹ プレビューとプロパティがキャプチャ
されている。

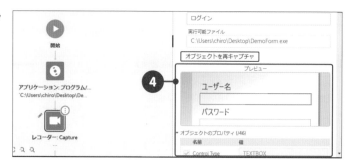

❺ [アクション]でドロップダウンリスト
から[テキストを設定]を選択する。

❻ [キーボード操作]でユーザー名
「admin」を入力する。

❼ [適用]ボタンをクリックする。

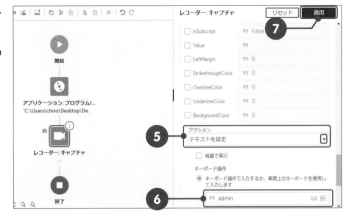

(3) パスワードを自動入力する

❶ [レコーダー]から[キャプチャ]をド
ラッグ＆ドロップする。

❷ [ウィンドウ]ボタンをクリックする。

❸ ドロップダウンリストから[ログイン]
を選択する。

❹ [オブジェクトをキャプチャ]ボタンを
クリックする。

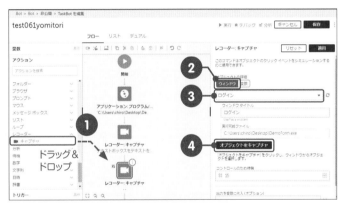

❺ [ログイン]画面が前面に表示された
ら、目的の「パスワード」入力欄にマ
ウスポインタを置いて、テキストボッ
クス全体が赤く囲われたら、クリッ
クする。

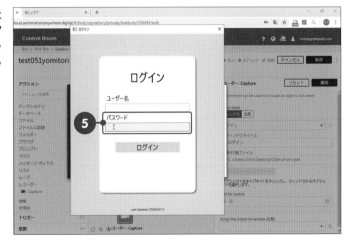

⑥[アクション]でドロップダウンリスト
から[テキストを設定]を選択する。

⑦[キーボード操作]でパスワード
「admin」を入力する。

⑧[適用]ボタンをクリックする。

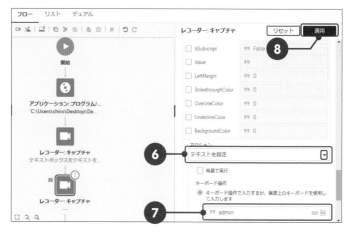

(4) [ログイン] ボタンを自動でクリックする

❶[レコーダー]から[キャプチャ]をド
ラッグ＆ドロップする

❷[ウィンドウ]ボタンをクリックする。

❸ドロップダウンリストから[ログイン]
を選択する。

❹[オブジェクトをキャプチャ]ボタンを
クリックする。

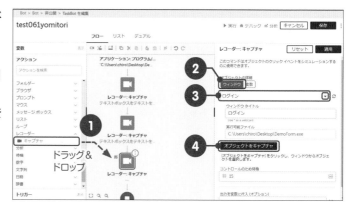

❺[ログイン]画面が前面に表示された
ら、目的の[ログイン]ボタンにマウス
ポインタを置いて、ボタン全体が赤
く囲われたら、クリックする。

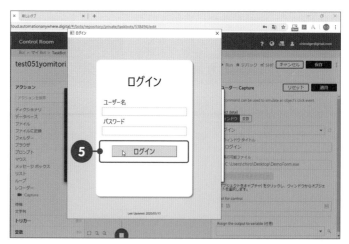

❻[アクション]でドロップダウンリスト
　から[左クリック]を選択する。
❼[適用]ボタンをクリックする。

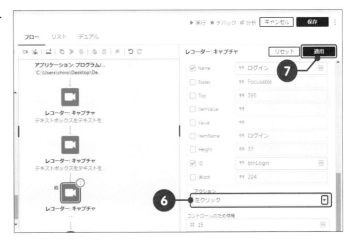

(5) 保存する

❶ここで一度[保存]ボタンをクリック
　してBotを保存する。
❷開いている業務システム「Demo
　Form.exe」はいったん閉じておく。

★Botが完成した。

　[実行]で実行し、業務システム「DemoForm.exe」が起動して自動的にログインし、[商品管理]
画面が開けば成功です。開いた[商品管理]画面はそのままにして、6-2に進みましょう。

うまくいかないときのチェックポイント

- ［プログラム／ファイルの場所］で指定した場所があっているかどうか、確認しましょう。
- 商品管理システムのログイン用IDやパスワードがあっているかどうかも確認しましょう。

コラム

複数のIDやパスワードを扱うこともできる

　今回は、ログインIDとパスワードを直接設定しましたが、Excelファイルやテキストファイルなどの一覧からIDとパスワードを取得して、ログインするようなスタイルで作ることも可能です[*1]。

　特にAutomation AnywhereではCredential Vaultという資格情報を管理できる仕組みが用意されているので、そちらを使うとよいでしょう（詳しくは7章）。

---

*1 セキュリティ的には、あまり好ましくないので、Bot作成に慣れてきたら安全な方法を模索しましょう。

6-2 Excelから情報を読み取って業務システムへ入力する

Excelを操作しようと思ったら、Excel関連のパッケージがたくさんあって見分けがつきません。
師匠……これって、違いがあるんですか？

最初はちょっと戸惑うかもしれませんね。パッケージによって、扱えるファイル形式や、実行の環境が違うので、うまく使えるようになると便利ですよ。

▼ Excel/CSVファイルに対してできること

6-1では、自動で業務システムを起動してログインするように設定しましたね。6-2では、その続きとして、Excelファイルから読み取った内容を、1行分だけ業務システムに入力させます。

ExcelファイルやCSVファイルを操作するために用意されているパッケージ（アクションをまとめたもの）は、Excelファイル用が3種類、CSV用が1種類あります。それぞれどのようなアクションが入っているのか見ていきましょう。

Excel関連パッケージ

| Excelの基本操作パッケージ | Excelの高度な操作パッケージ | Office 365 Excelパッケージ |

CSV・テキストパッケージ

| CSV/TXTパッケージ |

こんなに種類があるんですか？！

パッケージによって、できることが違うんだよ

Excel の基本操作パッケージ

　Excelの基本操作に関わるアクションがまとめられています。このパッケージの特徴は、Botを実行するマシンにExcelが入ってなくても実行できることです。

　Excelの操作をBotに組み込む場合、どうしても問題になってくるのがMicrosoft Officeのライセンスです。Botを実行する全てのパソコンにOfficeのライセンスを与えることができないこともあるでしょう。このパッケージであれば、そもそもExcelが必要ないので、ライセンスが問題になりません。

　なお、対応しているファイル形式は.xlsx形式のみです。

パッケージに含まれるアクション

閉じる／セルを削除／検索／複数のセルを取得／1つのセルを取得／セルアドレスを取得／列名を取得／行番号を取得／セルに移動／開く／置換／ブックを保存／セルを設定／シートに切り替え

Excelの高度な操作パッケージ

　Excelを操作する多機能なアクションをまとめたパッケージです。「高度な」と言うと難しい感じがしますが、実行環境の違いです。上で紹介した基本操作パッケージがExcelなしでも実行できるのに対し、高度な操作パッケージは実行するマシンにExcelが必要です。

　Excelが必須である代わりに、.xls、.xlsx、.xlam、.xltm、.xltx、.xlsm といった多くのファイル形式に対応しています。

パッケージに含まれるアクション

パスワード保護されたワークシートにアクセス／ブックを追加／ワークシートを追加／閉じる／ ExcelをPDFに変換／ブックを作成／ワークシートを作成／セルを削除／テーブル列を削除／ワークシートを削除／テーブルをフィルター／検索／次の空欄のセルを検索／セルの色を取得／現在のワークシート名を取得／複数のセルを取得／行数を取得／1つのセルを取得／セルアドレスを取得／列名を取得／行番号を取得／テーブルの範囲を読み取り／ワークシートをデータテーブルとして取得／ワークシート名を取得／セルに移動／次の空欄のセルに移動／選択した行・列を非表示／ワークシートを非表示／行・列を挿入・削除／テーブル列を挿入／開く／ブックを保護／パスワードでワークシートを保護／セルの数式を読み取る／列を読み取る／行を読み取る／空白の行を削除／ワークシートの名前を変更／置換／シート数を読み取り／マクロを実行／ブックを保存／セル・行・列を選択／セルを設定／セルの数式を設定／テーブルを並べ替え／シートに切り替え／すべてのワークシートを再表示／選択した行・列を再表示／ワークシートを再表示／ブック保護の解除／データテーブルから書き込み

Office 365 Excel パッケージ

Office365パッケージでは、クラウド版のExcelを使用することができます。このクラウド版に対応したアクションが入っています。

パッケージに含まれるアクション

列を自動調整／行を自動調整／閉じる／接続／ワークシートをコピー／テーブルを作成／ブックを作成／シート作成を作成／セルを削除／範囲を削除／行または列を削除／テーブルを削除／ワークシートを削除／接続解除／セルの書式設定／セルを取得／セルまたはテキストの色を取得／現在のワークシート名を取得／複数のセルを取得／行数を取得／テーブル列を取得／テーブル名を取得／テーブル行を取得／テーブルの行数を取得／ワークシート名を取得／セルに移動／ワークシートを非表示／セルを挿入／範囲を挿入／行または列を挿入／開く／セルを張り付け／セルの書式設定を読み取る／セルの数式を読み取る／列を読み取る／行を読み取る／テーブルの名前を変更／ワークシートの名前を変更／シート数を読み取り／セルを設定／セルの色をセット／セルの数式を設定／ワークシートを表示／シートに切り替え

CSV/TXT パッケージ

CSVやテキストファイルを操作するアクションが入っています。CSVファイルは、項目をカンマ（,）で区切ったテキストファイルで、Excelやメモ帳などで開くことができます。

パッケージに含まれるアクション

閉じる／開く／既読

Excelと相性の良いアクション

ExcelやCSVファイルを操作するパッケージを紹介しましたが、他にもデータを扱いやすい「データテーブルパッケージ」や、文字列を扱う「文字列パッケージ」を使用すると、Excelファイルの処理を行いやすくなるでしょう。

▼ テーブル型変数とは

今回の操作では、Excelの情報を表形式でまとめて取得し、そこから1行ずつ取り出す操作をします。このとき、取得したデータをまとめて格納してあとから取り出せる便利な変数の形式が「テーブル型変数」です。Automation Anywhereでは、変数のタイプ（型）を選択するときに、「テーブル」を選択

すると使用できます。

　さて、しっかり本書を読み込んでいる皆さんは、どこかで見たことがあるなと思ったのではないでしょうか。実は、既に5章の「Webスクレイピング」でこの変数タイプを扱っています。少し複雑なBotを作ろうと思ったときには、必須なのでぜひ覚えてください。

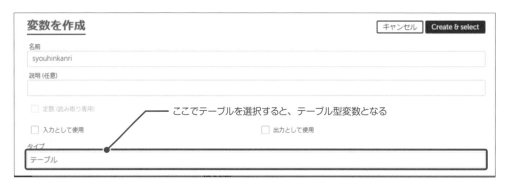

構造を維持したまま
変数に入れられる

　6-1で作成したBotに、業務システムに書き込む操作を追加します。具体的な操作としては、指定したExcelファイルを開き、そのExcelファイルからデータを取得、テーブル型の変数「syouhinkanri」にいったん全部入れて、取得したデータのうち一番上の1行だけを業務システムに書き込みます。

　この節では、1行だけしか書き込みませんが、次の節で全部の行を書き込む処理を追加するので安心してください。まずは1行だけの書き込みをやってみましょう。

　また、Excelファイルを開く操作が入っていますが、Excelは起動しないので、Excelがインストールされていないパソコンでも実行することができます。

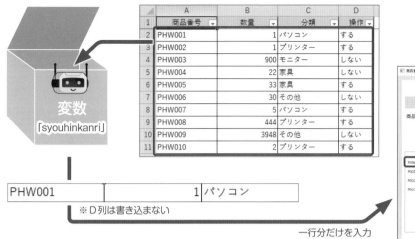

今回使用するアクション

- Excelの基本操作＞開く
- Excelの基本操作＞複数のセルを取得
- レコーダー＞キャプチャ

開く…….xlsx形式のファイルを開くアクション（Excelは起動しない）。
複数のセルを取得……複数のセルを取得するアクション。今回は全部のセルを取得する。
キャプチャ……対象の情報を取得・操作するアクション。Excelから読み取った情報を業務システムに入力するのに使う。

作成する変数

名前	Syouhinkanri
タイプ	テーブル

▼ 事前準備

　6-1でBotを実行して［商品管理］画面を開いた場合はそのままにしておいてください。そうでない場合は、「DemoForm.exe」をダブルクリックして起動し、ログインして［商品管理］画面を開いておいてください。

　入力用のサンプルデータ「商品管理_SampleData.xlsx」をデスクトップに置いておいてください。

　今回のBotは6-1で作成したBotに追記します。test061yomitoriBotのBotエディター画面を開いておきましょう。

▼ [手順]Excelから読み取って入力してみよう

6-1の(4)の①で入れた[キャプチャ]の下に、アクションをドラッグ＆ドロップします。以降も全て、前の手順で入れたアクションの下に、順番に追加していきます。

（1）Excelファイル（xlsxファイル）を開く

❶アクションパレットの[Excelの基本
操作]をクリックする。
❷[開く]をドラッグ＆ドロップする。

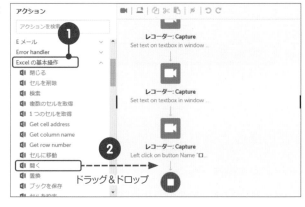

❸[デスクトップファイル]ボタンをク
リックする。
❹[参照]ボタンをクリックする。

❺ローカルファイルパスを選択してい
るので、しばらく待つ。

❻ [Select file]ウィンドウが開くので、デスクトップで保存しておいた「商品管理_SampleData.xlsx」を選択する。

❼ [開く]ボタンをクリックする。

❽「商品管理_SampleData.xlsx」が選択されているのを確認する。

❾ 一番下にある[シートにヘッダーを含む]のチェックボックスをクリックしてチェックを入れる。

❿ [適用]ボタンをクリックする。

（2）Excel ファイルから情報を読み取る

❶ アクションパレットの[Excelの基本操作]メニューから[複数のセルを取得]をドラッグ＆ドロップする。

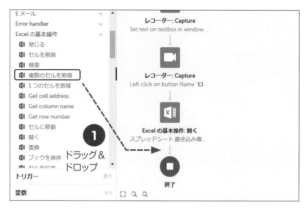

（3）読み取ったデータを格納する変数を作成する

❶ [値を変数に代入]の[変数を作成]ボタンをクリックする。

❷ [変数を作成]ダイアログが表示されるので、名前を「syouhinkanri」、タイプを「テーブル」として[作成して選択]ボタンをクリックする。

❸ [適用]ボタンをクリックする。

（4）情報を一行だけ入力する

❶ アクションパレットの[レコーダー]を
　クリックして下にメニューを展開す
　る。

❷ 展開したメニューから[キャプチャ]
　をドラッグ＆ドロップする。

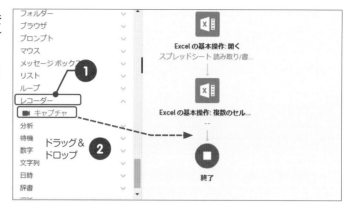

❸ [ウィンドウ]ボタンをクリックする。

❹ [ウィンドウを更新]ボタンをクリック
　して現在開いているウィンドウを反
　映させる。

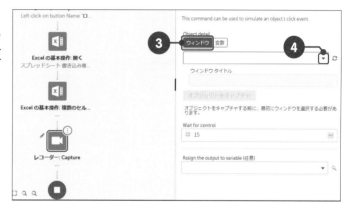

❺ ドロップダウンリストから、起動して
　おいた業務システム[商品管理]を選
　択する。

❻ [オブジェクトをキャプチャ]ボタンを
クリックする。

❼ あらかじめ開いておいた業務システ
ム[商品管理]画面が前面に表示され
る。

❽ そのまま待つと、マウスポインタが
指すコントロールの周りに赤枠の選
択領域が表示されるようになる。目
的の「商品番号」入力欄にマウスポイ
ンタを置いて、テキストボックス全
体が赤く囲われたら、クリックする。

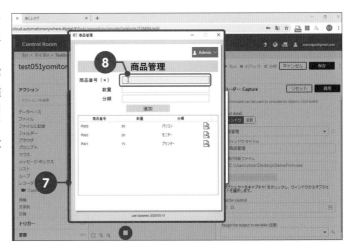

❾ プレビューとプロパティがキャプ
チャされている。

⑩ [アクション]で、ドロップダウンリストから[テキストを設定]を指定する。

⑪ [キーボード操作]の[変数を挿入]ボタンをクリックする。

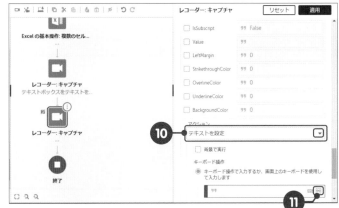

⑫ [変数を挿入]ダイアログが出るので、[変数を選択]欄のドロップダウンリストから、作成した変数「syouhinkanri - テーブル」を選択する。

⑬ [テーブル列] [テーブル行]ともに「0」のままでよいので、そのまま[はい、挿入を実行します]ボタンをクリックする。

⑭ [適用]ボタンをクリックする。

[変数を挿入] ダイアログはバージョンによって英語表記になっていることもあります。

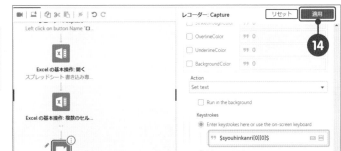

⑮ アクションパレットから[キャプチャ]をドラッグ＆ドロップする。

⑯ [ウィンドウ]ボタンをクリックする。

⑰ ドロップダウンリストから、[商品管理]を選択する。

⑱ [オブジェクトをキャプチャ]ボタンをクリックする。

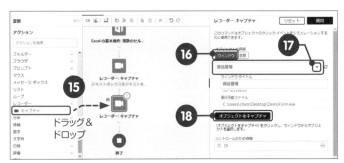

⑲「数量」入力欄にマウスポインタを置いて、テキストボックス全体が赤く囲われたら、クリックする。

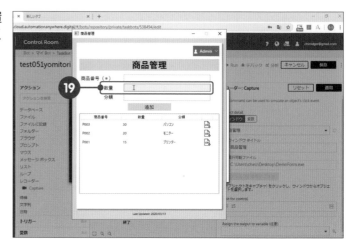

⑳[アクション]で、ドロップダウンリストから[テキストを設定]を指定する。

㉑[キーボード操作]の[変数を挿入]ボタンをクリックする。

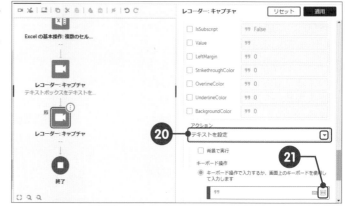

㉒[変数を挿入]ダイアログが表示されるので、[変数を選択]欄のドロップダウンリストから、作成した変数[syouhinkanri - テーブル]を選択する。

㉓[テーブル列]の[インデックス別]を「1」とする。

㉔[はい、挿入を実行します]ボタンをクリックする。

㉕[適用]ボタンをクリックする。

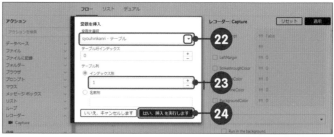

㉖アクションパレットから[キャプチャ]をドラッグ＆ドロップする。

㉗[ウィンドウ]ボタンをクリックする。

㉘ドロップダウンリストから、[商品管理]を選択する。

㉙[オブジェクトをキャプチャ]ボタンをクリックする。

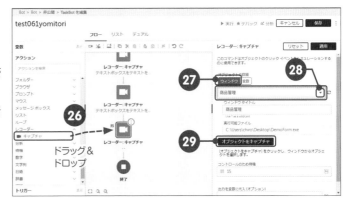

㉚「分類」入力欄にマウスポインタを置いて、テキストボックス全体が赤く囲われたら、クリックする。

㉛[アクション]で、ドロップダウンリストから[テキストを設定]を指定する。

㉜[キーボード操作]の[変数を挿入]ボタンをクリックする。

㉝ [変数を挿入]ダイアログが出るので、[変数を選択]欄のドロップダウンリストから、作成した変数[syouhinkanri - テーブル]を選択する。

㉞ [テーブル列]の[インデックス別]を「2」とする。

㉟ [はい、挿入を実行します]ボタンをクリックする。

㊱ [適用]ボタンをクリックする。

㊲ アクションパレットから[キャプチャ]をドラッグ＆ドロップする。

㊳ [ウィンドウ]ボタンをクリックする。

㊴ ドロップダウンリストから、[商品管理]を選択する。

㊵ [オブジェクトをキャプチャ]ボタンをクリックする。

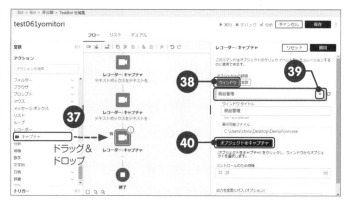

㊶ [追加]ボタンにマウスポインタを置いて、ボタン全体が赤く囲われたら、クリックする。

㊷ [アクション]で、ドロップダウンリストから[左クリック]を指定する。

㊸ [適用]ボタンをクリックする。

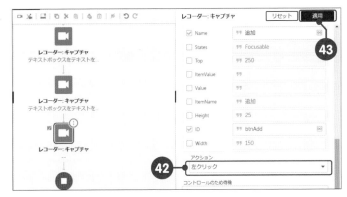

(5) 作成したBotを保存する

❶ [保存]ボタンをクリックする。

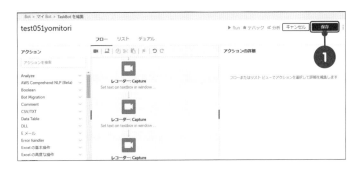

★Botが完成した。

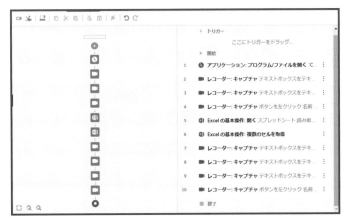

完成したら、開いてある業務システム「DemoForm.exe」をいったん閉じます。それから[実行]ボタンをクリックして実行してみましょう。

6-1で設定した通り、業務システム「DemoForm.exe」が起動し、自動でログインして[商品管理]画面が開きます。その後、6-2で設定したように、入力用のサンプルデータ「商品管理_SampleData.

xlsx」の一行目を読み取って、自動入力されれば成功です。

一行分だけが入力された

・ファイルパスが合っているかどうか確認しましょう。

コラム

ドロップダウンで選択する場合は？

　このような業務システムの場合、ある程度商品が決まっていれば、いちいち手入力するのではなく、ドロップダウンリストから選択するということもあるでしょう。そういったシステムの場合は、オブジェクトをキャプチャした後、[アクション]欄でドロップダウンリストから [テキストで項目を選択] を指定してください。

6-3 Excelから読みとって繰り返し入力する（ループ処理）

できました師匠！こういうソフトウェアって、自社で作った業務システムは操作できないかと思い込んでました。冷静に考えるとできるとわかるんですが、できると感動ですね！

そうなんですよ。ほとんどのソフトウェアに対して自動で操作できることが、RPAツールの大きな強みの1つなのです。さらに使いこなすために、次はループに挑戦してみましょう。

▼ ループとは

　6-2でようやく入力にこぎつけましたが、まだ1行目のデータしか入力できていません。これでは、自動化のうまみがないですね。

　そこで、ループ（繰り返し処理）を使って残りの行のデータも入力できるようにしてみましょう。ループとは、特定の条件において、決められた処理を繰り返すことを言います。Automation Anywhereなら、アクションの繰り返しです。繰り返すアクションは、1つとは限りません。一連の流れをまとめて繰り返すこともできます。

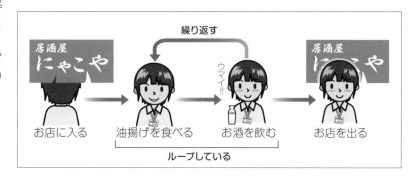

繰り返す

居酒屋 にゃこや

ウマイ!!

居酒屋 にゃこや

お店に入る　　油揚げを食べる　　お酒を飲む　　お店を出る

ループしている

はるかさん、ループはほどほどに……

ループをうまく使えるようになると、「人がやるよりも、Botに任せるメリット」が大きくなります。

chapter06

ループの使い方

ループは、中にアクションを入れられるカゴのようなものです。カゴの中に入れた内容を決められた回数だけ繰り返します。繰り返す回数や条件を設定できます。

また、ループアクションには、「Continue」と「Break」という子のアクションがあります。この2つは単独では使えず、親となるループのカゴの中に入れて使います。Continueは、以降の処理をスキップし、ループの先頭に戻ります。Breakは、ループを取りやめて、ループの外の処理に移るものです。

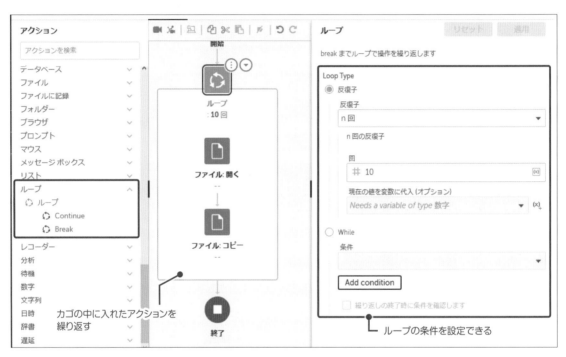

行と列の指定

ループと6-2で説明した「テーブル型変数」は、セットで使われることが多いです。いちいち1行ずつ取得して、それを入力していたのでは効率が悪いので、一気に取得して、それを一行ずつ取り出して入力する操作をループで行います。

このとき、一行ずつ取り出すには、「次の行へ」「次の行へ」と移動していかなければなりません。次の行への移動は、ループアクションが自動的にやってくれます。なお、行のことは、「レコード」とも言います。

	A	B	C	D
1	商品番号	数量	分類	操作
2	PHW001	1	パソコン	する
3	PHW002	1	プリンター	する
4	PHW003	900	モニター	しない
5	PHW004	22	家具	しない
6	PHW005	33	家具	する
7	PHW006	30	その他	しない
8	PHW007	5	パソコン	する
9	PHW008	444	プリンター	する
10	PHW009	3948	その他	しない
11	PHW010	2	プリンター	する

ループ

ループアクションが
自動的に次の行に
移動してくれる

「次の行へ」「次の行へ」と移っていく

入力する内容は、行だけでなく、列も指定できます。Automation Anywhereでは、列を「インデックス」と呼びます。今回の手順でインデックスを指定している箇所がありますが、それは読み込む列を指定しているのです。

［変数を挿入］ダイアログはバージョンによって
英語表記になっていることもあります。

行（レコード）と列の数え方

さて、行（レコード）と列を指定するには少しコツがいります。これはプログラミングの慣例的な考え方なのですが、表の一番先頭は0という番号が振られています。そのため最初の行は0行ですし、先頭の列は0列です。何行目・何列目というのを指定したい場合は、「その行数-1」「その列数-1」を行・列の番号として指定します。

ちなみに、6-2の手順（4）の ⑬で、「［テーブル列］［テーブル行］ともに「0」のままでよい」と説明した箇所があったと思いますが、これは業務システムに入力する行と列を指定していたのです。ここの数値を変更すると、入力する行や列を変更できます。

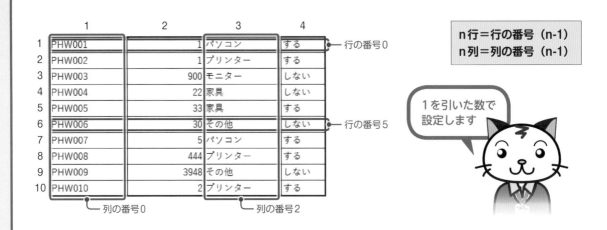

	1	2	3	4	
1	PHW001	1	パソコン	する	← 行の番号0
2	PHW002	1	プリンター	する	
3	PHW003	900	モニター	しない	
4	PHW004	22	家具	しない	
5	PHW005	33	家具	する	
6	PHW006	30	その他	しない	← 行の番号5
7	PHW007	5	パソコン	する	
8	PHW008	444	プリンター	する	
9	PHW009	3948	その他	しない	
10	PHW010	2	プリンター	する	

列の番号0　　　　　　列の番号2

n行＝行の番号（n-1）
n列＝列の番号（n-1）

1を引いた数で設定します

▼ 2つの変数

今回の手順では、変数がもう1つ登場します。少しややこしいので、こちらも説明しておきましょう。

6-2で、「syouhinkanri（商品管理）」という変数を作りました。これは、Excelのデータをまとめて取得したものです。このまとまった情報から、1行ずつ取り出すのですが、いちいち「何行目を入れる」と名指しで指定していては、面倒です。そこで、業務システムには「kurikaesi（繰り返し）」という変数で入力内容を指定します。

つまり、「syouhinkanri（商品管理）」から1行取り出した内容を「kurikaesi（繰り返し）」に入力するのです。

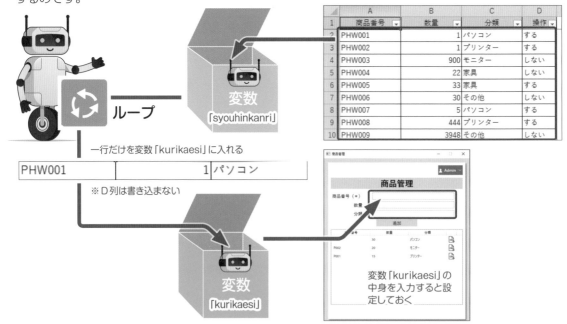

今回作るBot

この節では、6-2で作成した業務システムへの入力をループさせます。具体的な作業は、「ループ」の追加と、変数の差し替えです。

今まで作成したBotを改造するのですが、念のため、前のBotをそのまま取っておいた方が保険になりますから、6-1と6-2で作成したBotをコピーして使いましょう。6-1と6-2で作成したBotに「ループ」を追加します。

赤枠の部分を書き込むことにします（「操作」の項目は、ここでは読み取りません）。

	A	B	C	D
1	商品番号 ▼	数量 ▼	分類 ▼	操作 ▼
2	PHW001	1	パソコン	する
3	PHW002	1	プリンター	する
4	PHW003	900	モニター	しない
5	PHW004	22	家具	しない
6	PHW005	33	家具	する
7	PHW006	30	その他	しない
8	PHW007	5	パソコン	する
9	PHW008	444	プリンター	する
10	PHW009	3948	その他	しない
11	PHW010	2	プリンター	する

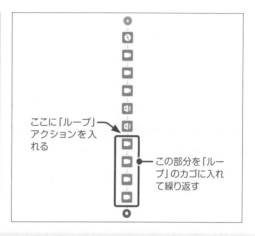

ここに「ループ」アクションを入れる

この部分を「ループ」のカゴに入れて繰り返す

今回使用するアクション

- ループ＞ループ

> **ループ**……特定のアクションを繰り返す。

作成する変数

名前	kurikaesi
タイプ	レコード

作成するBot

名前	test063loop
説明	Excelから繰り返し読み取って業務システムに入力する
フォルダー	テストフォルダー（＼Bots＼テストフォルダー＼）

4-2の［手順］事前準備を参考にして、6-1と6-2で作成したBot「test061yomitori」をコピーして作成してください。

▼ [手順] Excelから1行ずつ読み込んで繰り返し入力してみよう

（1）ループを設定する

❶ アクションパレットの[ループ]をク
リックする。

❷「ループ」を「Excelの基本操作：複数
のセルを取得」の下にドラッグ＆ド
ロップする。

❸ [反復子]のドロップダウンリストをク
リックする。

❹ 展開されたメニューから、[データ
テーブル]の[テーブルの各行用]を選
択する。[*2]

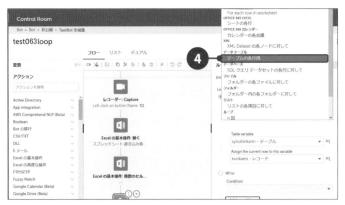

---

*2 [データテーブル]、[テーブルの各行用]は、Automation Anywhereのバージョンによっては、[DATA TABLE]、[For
each row in table]のように英語で表されることがあります。

❺ [テーブル変数]のドロップダウン
　リストから、6-2で作成した変数
　[syouhinkanri - テーブル]を選択す
　る。
❻ [この変数に現在の行を代入]の[変数
　を作成]ボタンをクリックする。

❼ [変数を作成]ダイアログが表示され
　るので、名前を「kurikaesi」、タイプ
　を「レコード」として[作成して選択]
　ボタンをクリックする。

> [変数を作成]ダイアログはバージョ
> ンによって英語表記になっていること
> もあります。

❽ [適用]ボタンをクリックする。

❾ Shift[*3]キーを押しながら、4つの「レ
　コーダー：キャプチャ」をそれぞれク
　リックして選択する。

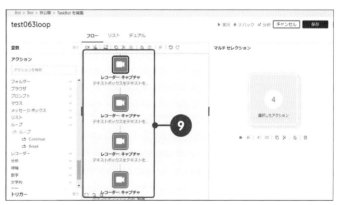

---

chapter06

⑩「ループ」の中にドラッグ＆ドロップする。

> バージョンによってはアクションをまとめて移動できないこともあります。その場合は、1つずつドラッグ＆ドロップしてください。

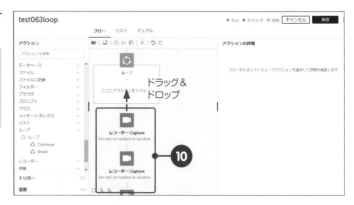

（2）1つ目の「レコーダー：キャプチャ」の変数を差し替える

❶ 1つ目の「商品番号」を設定した「レコーダー：キャプチャ」をクリックして詳細設定画面を開く。

❷ [アクション]の[キーボード操作]で、6-2で設定した変数を削除し、[変数を挿入]ボタンをクリックする。

❸ [変数を挿入]ダイアログが出るので、[変数を選択]欄のドロップダウンリストから、作成した変数[kurikaesi - レコード]を選択する。

❹ [レコード]の[インデックス別]は「0」のままとする。

❺ [はい、挿入を実行します]ボタンをクリックする。

❻[適用]ボタンをクリックする。

（3）2つ目の「レコーダー：キャプチャ」の変数を差し替える

❶から❸は（2）の手順と同様。

❹[レコード]の[インデックス別]は「1」とする。

❺[はい、挿入を実行します]ボタンをクリックする。

❻[適用]ボタンをクリックする。

（4）3つ目の「レコーダー：キャプチャ」の変数を差し替える

❶から❸の手順は（2）と同様。

❹[レコード]の[インデックス別]は「2」とする。

❺[はい、挿入を実行します]ボタンをクリックする。

❻[適用]ボタンをクリックする。

（5）作成したBotを保存する

　4つ目の「レコーダー：キャプチャ」は変数を使っていないので変更する項目はありません。（4）で3つ目の「レコーダー：キャプチャ」を変更して、［適用］ボタンをクリックしたら作成は終了です。Botを保存しましょう

❶［保存］ボタンをクリック。

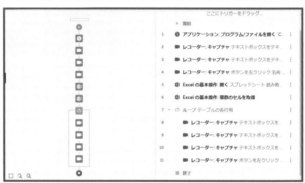

⭐Botが完成した。

　完成したら、［実行］ボタンをクリックして実行してみましょう。まず、6-1で設定したように、業務システム「DemoForm.exe」が起動し、自動でログインして［商品管理］画面が開きます。その後、入力用のサンプルデータ「商品管理_SampleData.xlsx」を1行ずつ読み取って、すべての行が自動入力されれば成功です。

うまくいかないときのチェックポイント

・全ての「レコーダー：キャプチャ」の変数が差し替えられているか確認しましょう。

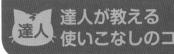

達人が教える 使いこなしのコツ

アクションリストを見やすくするコメントアクションを使う

池田　康一（SB C&S RPAビジネス推進部）

Automation AnywhereのA2019では、処理には影響を及ぼさないコメントを記録しておくことができる「Comment」というアクションが用意されています。Commentを使用することで、その処理を入れることになった背景や必要性を記録として残すことができ、後からBotを確認した人の理解に貢献したり、キャッチアップを手助けできます。

ただし、何でも残しておけばよいというものではなく、コメントを残す上で重要なポイントがあります。それは、何をしている処理かを残すのではなく、なぜそのような処理を入れたのかを記載するということです。

たとえば、ウィンドウが開くのを待ってから処理を行いたい際に、delayコマンドを入れて対応した場合のコメントが次の図です。

この図のコメントには「500ミリ秒待つ」と書かれていますが、これは不適切なコメントの例です。処理を説明しているに過ぎず、コマンドの仕様の範囲にとどまってしまっています。

なぜこのコマンドを入れたのかの背景、理由が明記されていると、その必要性が理解できます。きちんと理由を書きましょう。たとえば、「画面が開き切るまで待っていないとエラーが発生するのでdelayする」であれば、なぜこのコマンドを入れたのかという背景、理由が明記されており、その必要性が理解できます。

ぜひ、このCommentアクションを利用して、Botの可読性、保守性を向上させて、保守や運用を考えたBot開発を行いましょう。

6-4 読み込んだ行の値によって入力するかを決める(条件分岐)

師匠、これって入力するかどうか自動判定させることはできますか? Excelで入力したくない項目を削除しておくのが面倒です。

もちろん条件によって、入力するかどうかを設定できますよ。条件分岐といいます。前の節のループとともに、Botを作る上で押さえておきたい考え方です。

▼ 条件分岐とは

6章の終わりは、条件分岐するBotを作ってみましょう。変数、ループ、条件分岐ができるようになると、Botでいろいろな作業ができるようになります。

条件分岐とは、たとえば「Yes」と「No」で表示するものを変えたり、特定の条件のときだけ違う処理をするなど、プログラムの処理を分けることを言います。Automation Anywhereでは、条件分岐は、「If」を使います。その名の通り、条件を指定し、条件が合致する、もしくは合致しない場合の挙動を決めておくのです。

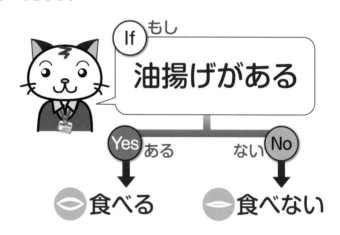

▌ 条件分岐 (If) の使い方

Ifの場合も、ループと同じく、カゴのようなものにアクションを入れます。また、Ifには、「Else」「Else If」という兄弟のようなアクションがあります。

If (もし) は、条件が合致したときに決めた処理をするものです。Else (でなければ) は、条件が合

致しなかった場合に実行されます。Else If（次のもし）は、条件が合致せず、かつ2つ目の条件が合致した場合に、実行されます。ちょっとややこしいですね。

たとえば、Ifの条件を油揚げがあること、Else Ifの条件を豆腐があることとします。油揚げがあったら、油揚げを食べますが、油揚げがなくて豆腐があれば、豆腐を食べます。両方なかったら、しょんぼり帰ります。

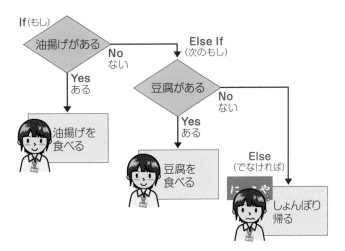

これが、If、Else If、Elseの使い方です。なお、Else If、Elseは単独で使うことができません。必ず、Ifとセットで使います。また、配置する場所は、Ifと並列に配置します。

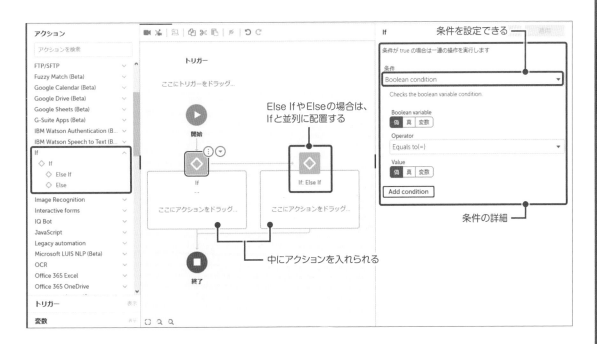

6-4では、条件によって業務システムに入力するかしないかを決める処理を追加します。「If」という
アクションを使います。「商品管理_SampleData.xlsx」にはD列「操作」に「する」「しない」とい
う項目を用意しておきました。それによって、「する」商品は入力する、「しない」商品は入力しないと
いう設定をしてBotを作成します。

具体的な作業は、6-3で作ったBot「test063loop」をコピーし、そこへ「If」の追加をすることと、
4つの「レコーダー：キャプチャ」を「If」の中に入れることです。

	A	B	C	D
1	商品番号	数量	分類	操作
2	PHW001	1	パソコン	する
3	PHW002	1	プリンター	する
4	PHW003	900	モニター	しない
5	PHW004	22	家具	しない
6	PHW005	33	家具	する
7	PHW006	30	その他	しない
8	PHW007	5	パソコン	する
9	PHW008	444	プリンター	する
10	PHW009	3948	その他	しない
11	PHW010	2	プリンター	する

青枠の項目で判断し、赤枠の項目を1行ずつ入力するように設定します。

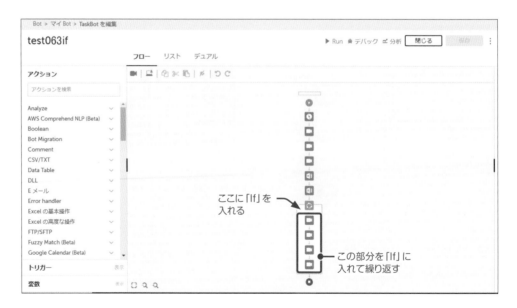

今回使用するアクション

- If ＞ If

> If……条件によって操作を変えるアクション。

作成するBot

名前	test064if
説明	条件によって判断する
フォルダー	テストフォルダー（＼Bots＼テストフォルダー＼）

4-2の[手順]事前準備を参考にして、6-3で作成したBot「test063loop」をコピーして作成してください。

▼ [手順]読み込んだ行の値によって入力するかを決めよう

(1) [If] を設定する

❶ アクションパレットの[If]をクリックする。

❷ 「If」を「ループ：ループ」の下にドラッグ＆ドロップする。

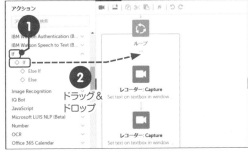

❸ [条件]のドロップダウンリストからから、[文字列の条件[*4]]を選択する。

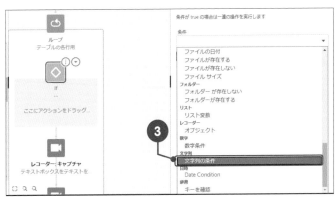

----

*4 [文字列の条件]は[文字列変数]という名称であったこともあるため、昔作ったBotではそのように表記される。

❹[ソース値]の[変数を挿入]ボタンを
クリックする。

> [ソース値]は[文字列変数]と表記
> されていることもあります。

❺[変数を挿入]ダイアログが表示され
るので、[変数を選択]欄のドロップダ
ウンリストから、6-3で作成した変数
[kurikaesi - レコード]を選択する。
❻[レコード]の[インデックス列]は「3」
とする。
❼[はい、挿入を実行します]ボタンを
クリックする。

❽[演算子]はドロップダウンリストから
[等しい(=)]を選択する。
❾[ターゲット値]には「する」と入力す
る。
❿[適用]ボタンをクリックする。

⓫Shiftキーを押しながら、4つの「レ
コーダー:キャプチャ」をクリックし
て選択する。

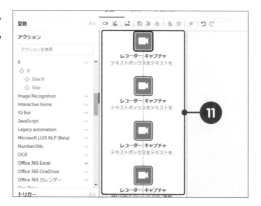

⓬「If」の中にドラッグ＆ドロップする。

> バージョンによってはアクションをまとめて移動できないこともあります。その場合は、1つずつドラッグ＆ドロップしてください。

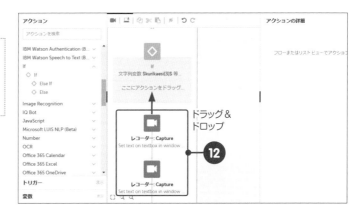

ドラッグ＆
ドロップ

（2）作成したBotを保存する

❶4つの「レコーダー：キャプチャ」への変更箇所はないので、そのまま[保存]ボタンをクリックする。

★Botが完成した。

　完成したら、[実行] ボタンをクリックして実行してみましょう。まず、6-1で設定したように、業務システム「DemoForm.exe」が起動し、自動でログインして [商品管理] 画面が開きます。その後、入力用のサンプルデータ「商品管理_SampleData.xlsx」を一行ずつ読み取って、D列（インデックスが3の列）で「する」とされている行だけが自動入力されれば成功です。

	A	B	C	D
1	商品番号 ▼	数量 ▼	分類 ▼	操作 ▼
2	PHW001	1	パソコン	する
3	PHW002	1	プリンター	する
4	PHW003	900	モニター	しない
5	PHW004	22	家具	しない
6	PHW005	33	家具	する
7	PHW006	30	その他	しない
8	PHW007	5	パソコン	する
9	PHW008	444	プリンター	する
10	PHW009	3948	その他	しない
11	PHW010	2	プリンター	する

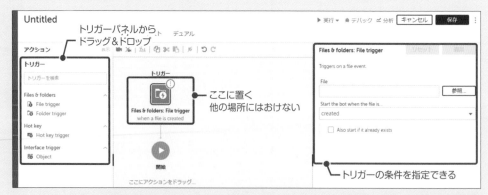

うまくいかないときのチェックポイント

- ［If］の中のアクションが例と同じようになっているか確認しましょう。

コラム

便利な実行① トリガー機能

　皆さんの中には、Botを作るとき、開始アクションの上に書かれた「トリガー」「ここにトリガーをドラッグ」の文字が気になっている方がいらっしゃるでしょう。

　トリガーとは、「何らかの動作に対応してBotを起動する」仕組みです。たとえば、特定のファイルが作成されたときや削除されたときにBotを実行したり、あらかじめ設定したホットキー（ショートカットキー）を押したときに実行したりするなど、動作が発生したことをきっかけに起動する仕組みです。トリガーを組み込むには、アクションリストの 開始アクションの前にトリガーを挿入します。トリガーはトリガーパネルから選択することができます。

Automation AnywhereでBotを実行するためのBotエージェントは、実行するパソコンのバックグラウンドでサービスとして動いているため、Automation Anywhereにログインしているブラウザを閉じてしまっても、トリガーは発動します。Automation Anywhereのトリガーは、他の主要なRPAツールよりも充実しているので、ぜひいろいろ試してみてください。

便利な実行 ②　Windowsの状態とBotの実行

　Automation Anywhereは、Botを実行するマシンのWindowsの状態がログオフ状態やロック状態でも実行することができます。

　ログオフ状態の場合は、自動ログインし、Botを実行すると、ログオフ状態に戻ります。

　ロック状態（画面ロック）の場合は、自動ログインし、Botを実行するとそのままログイン状態を保ちます。もちろん、ブラウザを閉じた状態でも、実行は可能です。

　ただし、スリープ状態や電源が完全に切れている状態では、実行できないので注意してください。

Windowsの状態とBotの実行

スリープ状態：自動ログインできない

ログオフ状態：自動ログイン→Bot実行→ログオフに戻る

ロック状態（ただの画面ロック）：自動ログイン→Bot実行→ログインしたまま

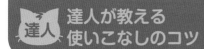

達人が教える 使いこなしのコツ

Error handlerを使ってみよう

鈴木　陽介（SB C&S RPAビジネス推進部）

「あれ！？エラーでロボットが止まってる！」

　ロボットを開発したことがある方なら、誰でも経験したことがある場面ですね。エラーが発生するとそこでロボットの実行が止まってしまうので、エラーの原因調査やリカバリに時間がかかってしまうことも多々あります。エラー内容をログに出力したり、エラーが発生した時点でメール通知したりすることができると、こういった時間を短縮できそうです。

　Automation Anywhereでは、Error handlerアクションが用意されていますので、エラーとも上手に付き合っていくことができます。ただ、いつ発生するかわからないエラーをどのように検知すればいいのでしょうか？

　Error handlerアクションの使い方を見てみましょう！　簡単なサンプルを作成してみました。このサンプルでは3パターンの処理が組み込まれています。

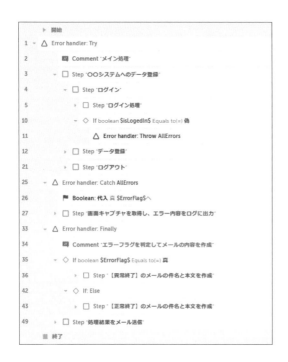

```
        ▶  開始
1   ⌄  △  Error handler: Try
2              🗎  Comment "メイン処理"
3        ⌄  ☐  Step "○○システムへのデータ登録"
4           ⌄  ☐  Step "ログイン"
5              ▸  ☐  Step "ログイン処理"
10             ⌄  ◇  If boolean $isLogedIn$ Equals to(=) 偽
11                   △  Error handler: Throw AllErrors
12          ▸  ☐  Step "データ登録"
21          ▸  ☐  Step "ログアウト"
25   ⌄  △  Error handler: Catch AllErrors
26             🏳  Boolean: 代入 真 $ErrorFlag$へ
27       ▸  ☐  Step "画面キャプチャを取得し、エラー内容をログに出力"
33   ⌄  △  Error handler: Finally
34             🗎  Comment "エラーフラグを判定してメールの内容を作成"
35       ⌄  ◇  If boolean $ErrorFlag$ Equals to(=) 真
36          ▸  ☐  Step "【異常終了】のメールの件名と本文を作成"
42          ⌄  ◇  If: Else
43             ▸  ☐  Step "【正常終了】のメールの件名と本文を作成"
49       ▸  ☐  Step "処理結果をメール送信"
        ▦  終了
```

Error handler アクションは４つの要素で構成されています。

Try：自動化したいメインの処理を作成します。

Catch：Tryの中でエラーが発生したときにしか実行されません。エラーが発生するとすぐにCatch内の処理が実行されます。

Finally：エラー発生にかかわらず、必ず実行されます。

Throw：任意のタイミングでエラーを発生させることができます。

　エラーは業務を止める最大の敵でもありますが、Bot安定化のヒントを与えてくれる味方とも言えます。どんなロボットでも必ずエラーは発生するので、Error handlerアクションを使って上手にエラーを乗りこなしましょう！

Automation Anywhereの
便利な機能

Community Editionを使用して、Automation Anywhere
の基本的な使い方について学んできましたが、これ以外にもさ
まざまな便利な機能があります。特にEnterprise版なら、ス
ケジュール実行機能や、ユーザー管理機能など、組織的にRPA
を導入するのに必須の機能が多く用意されています。

7-1 便利な機能を使いこなそう

「自動で動く」って面白いし楽しいですね！自分の業務が自動化できるかどうか検討して、もっといろいろなBotを作ってみたいです。

気に入ったようでよかったです。遊びに使ってみるのも勉強になりますよ。また、Enterprise版はさらに便利な機能があるので、見てみましょう。

▼ 便利な機能を使いこなそう

　本書では、Automation Anywhereの簡単な使い方を紹介してきましたが、他にもまだまだ便利な機能がたくさんあります。特に有料のEnterprise版では、多くのBotやユーザーを管理する機能が用意されており、大規模なRPAを展開できます。

作りやすい仕組み	・ドラッグ&ドロップでの作成 ・レコーディング機能 ・作成や管理のしやすい変数 ・フロー型とリスト型での表示 ・業務システムやグループウェアへのログイン情報管理機能（Credential Vault）	・アクションパッケージのインポート／エクスポート ・独自アクションパッケージの開発 ・サードパーティを含む豊富なアクションパッケージ（Bot Store） ・UI要素を分解して確実に取得する機能（WindowsアクセシビリティAPIやDOMによるUI要素の取得）
実行しやすい仕組み	・トリガー実行　　　・スマートフォンでの操作 ・スケジュール実行　・Bot作成画面を使用しない実行 ・Windowsのログオフ／ロック状態からの自動ログイン機能	
管理しやすい仕組み	・ダッシュボード ・ユーザー管理／ロール管理 ・監査ログ	
発展的な機能	・AI-OCR（IQ Bot） ・BI[*1]（Bot Insight） ・SAP/Citrix画面の操作	

Automation Anywhereは、作りやすいだけでなく、実行や管理もしやすいんだよ

---

*1 Business Intelligence。

　フローとリストの表示切り替え、ドラッグ＆ドロップでの操作、レコーディング機能、容易な変数作成機能など、Automation Anywhereはプログラミング未経験者であっても簡単にBotが作れるようになっていますが、実行の方法も大変優秀です。すでにコラムで紹介したトリガーでの実行や、ログオフ状態での実行のほか、スケジュール機能もあります。

　また、操作対象となる業務システムやグループウェアで使用するユーザー情報管理を安全に行える機能は秀逸です。

トリガー

　6章のコラムでも紹介しましたが、トリガー[*2]による実行が可能です。ホットキー（ショートカットキー）による実行だけでなく、パソコン上で起こった動作をきっかけとして起動できるので、特定の条件になったらBotを動かすという使い方もできます。

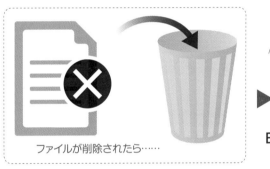
ファイルが削除されたら……

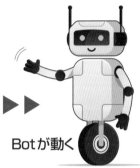
Botが動く

スケジュール実行（Enterprise版のみ）

　Botを使うことに慣れてくると、「自分のいないときでも勝手に動いてほしい」「毎日自動的に動くようにしたい」など、実行するタイミングに対する欲求が出てくると思います。

　Enterprise版ではスケジュール実行することができるので、この機能をうまく使いましょう。スケジュールは一度だけ実行することも、繰り返し実行することも指定できます。また実行するタイミングとして、開始日・開始時刻や間隔を選択することができます。

---

*2 何らかの動作をきっかけとしてBotを起動する仕組み。

ログオフやロック状態での実行

トリガーやスケジュール実行とセットで重要になってくるのが、Windowsがログオフ/ロックの状態での実行です。

たとえば、会社にいない深夜に自動的に作業をさせる、昼休みに中座したタイミングで実行させるなど、自分がパソコンの前にいない状態でも実行できたら便利ですね。

Automation Anywhereでは、こうしたことにも対応しています。なんと、Control Roomを開いているブラウザも閉じてしまって大丈夫です。

ただ、さすがにスリープ状態や完全にパソコンの電源が切れた状態では実行できないので注意してください。

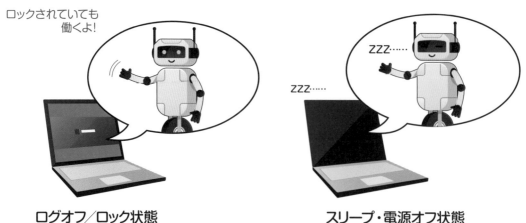

ログオフ/ロック状態　　　　　　　　　スリープ・電源オフ状態

Windows の状態と Bot の実行

- **スリープ状態**：自動ログインできない
- **ログオフ状態**：自動ログイン→ Bot 実行→ログオフに戻る
- **ロック状態（ただの画面ロック）**：自動ログイン→ Bot 実行→ログインしたまま

> **スマートフォンでの実行** コラム
>
> Automation Anywhere は、スマートフォンでの操作にも対応しているので、出先から操作することも可能です。

Credential Vault（資格情報）

　Automation Anywhereはさまざまなソフトウェアを操作できます。そうなると、当然業務システムやグループウェアとの連携もしたくなってきます。こうしたときに問題となってくるのが、業務システムなど操作対象のソフトウェアへのログイン情報（資格情報）の取り扱いです。

　セキュリティ的に良いことではないですが、Excelファイルで管理をしたり、テキストファイルとしてどこかに置いておいたり、作成するBot[*3]の中に直接に書き込んだりしていることも多いでしょう。

　しかし本来は、もっと安全な所に情報を保管しておき、必要な時だけ参照することが望ましいのです。こうした悩みに強い味方となるのがCredential Vault（資格情報）です。Credential Vaultでは、「ロッカー」と呼ばれる金庫のような場所に資格情報（IDやパスワード）をしまっておくことができます。Botメニューの「資格情報」から利用できます。

　しまっておくだけではたいしたことではないように感じるかもしれませんが、ロッカー自体の管理者の権限や、資格情報を使う人達の権限を細かく設定できるのが特徴です。

資格の使用者、管理者など、立場ごとに管理できる

*3 本書ではBotの使い方をシンプルに学ぶために、6章にて直接IDとパスワードを埋め込んでいるが、セキュリティ面で問題があるので、本来はお勧めできる方法ではない。

ログインのためのIDとパスワードを管
理できる

コラム パッケージの管理・開発とBot Store

　Automation Anywhereでは、パッケージ（アクションをまとめたもの）の管
理画面があります。そのためソフトウェア全体ではなく、パッケージ単位でのアッ
プデートが可能になりました。[BOT] の [パッケージ] から利用できます。

　また、オリジナルのパッケージの開発もできるため、開発したパッケージを一
般に配布できるBot Store[4]（オンラインでパッケージを配布できるWebサイト）
も用意されています。慣れてきたら、Bot Storeでパッケージをダウンロードし
たり、オリジナルパッケージを配布してみるとよいでしょう。

パッケージの管理画面

---

[4] いわゆるマーケットプレイス。

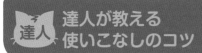

達人が教える 使いこなしのコツ

Botを部品化しよう

池田　康一（SB C&S RPAビジネス推進部）

　業務の自動化に向けて実際にいくつかBotを作成してみると、恐らくあることに気がつくでしょう。それは、異なる業務を行っているBot同士であっても、実はそのうちの一部がほぼ同じ処理になっている、といったことがしばしばあるということです。たとえば、ログイン処理、ファイルを読み込んで値をチェックする処理、読み込んだ値を順番にどこかの画面に入力する処理、などです。

　これらの同じ処理を各Botに個別に組み込んでいくことは、あまり得策とは言えません。それでは、どうすればよいのでしょうか。

　この問題に対する1つの回答は「部品化」です。複数のBotに共通に組み込まれている処理を、その処理のみ専門に実行する部品用のBotへ移動させるのです。各Botでは、この部品Botを呼び出すことにより、共通処理を実行します。

達人が教える 使いこなしのコツ

Botのエクスポート／インポートについて

西尾　玲（SB C&S RPAビジネス推進部）

　作成したBotを自分のPCにバックアップしたり、自分の作ったBotを誰かにあげたりしたいことってありますよね？　Enterprise版ではBotのエクスポート／インポート機能があります。無償で利用できるCommunity Editionではインポートのみ利用可能です。利用するにはユーザーに必要な権限が付与されている必要があります。その上で、以下の手順で行います。

エクスポート・インポートの手順

❶移行元の非公開フォルダにあるBotをチェックインして公開フォルダへ移す。

❷公開フォルダのBotをエクスポートする。(依存関係ファイルやアクションのパッケージも一緒にエクスポートされる)

❸Control Roomからユーザーに登録したアドレスへメールが届くので、本文のURLからZipファイルをダウンロードする。

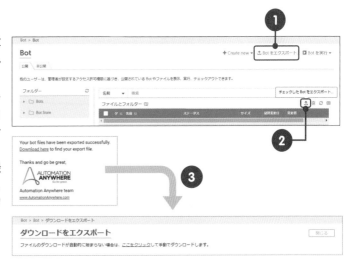

❹移行先の非公開フォルダへダウン
ロードしたファイルをインポートす
る。(インポートが完了するとメール
が届く)

Enterprise版をお使いの方はぜひ試してみてください。

▼ ユーザー管理 *5

　多くのソフトウェアでは、そのソフトウェアを使うライセンスが必要になります。Automation
Anywhereでもそれは同じです。ただしEnterprise版の場合は、そのライセンスを一括で管理できる
ため、個々のパソコンにライセンス情報をインストールする必要がありません。このようにひとまとめ
にできれば適切にライセンス情報を管理できますし、個々の社員がライセンスを紛失したなどの失敗も
防ぐことができます。

ライセンスの管理画面

　また、ユーザーの権限管理にはロールが使用できます。ロールとは役割のことで、そのロールごとに

----

*5 Community Editionでは、ユーザー／ロールを追加できない。

権限を設定できるのです。ユーザーに対して直接権限を設定してしまうと、個々のユーザーに対して設定が必要となるので、管理が煩雑になります。一方ロールに対して権限を設定し、そのロールとユーザーを紐付ける形にすれば、細かい設定はロールに対してだけ行えばよいので管理の負担が大きく減ります。

ユーザーごとに権限を設定するのは、管理が煩雑になりやすい

- あれができる
- これができる
- それもできる

- あれができる
- これができる
- それもできる

- あれができる
- これができる
- それもできる

- あれができる
- これができる
- それもできる

ロールにすると、負担が減り、管理も丁寧にできる

管理者
- あれができる
- これができる
- それもできる

皆のリーダー
- あれができる
- これができる
- それもできる

一般の社員
- あれができる
- これができる
- それもできる

　管理の負担を減らすことは意外と重要で、「一時的に対応したつもりだったが、うっかり忘れて不要な権限を与えたままにしてしまった」、「本来ならば細く管理すべき権限を面倒なので全部OKにしてしまった」などの人災を防ぐことにつながります。

ロールの管理画面

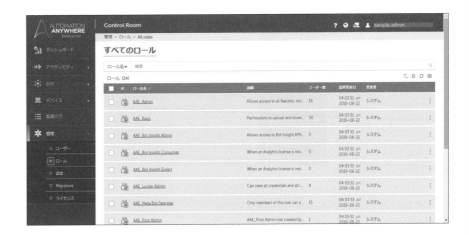

管理機能

Enterprise版では、組織的に複数のパソコンでBotを動かすことが多く、Botや他のユーザーなどの動向を監視することが大事になってきます。

そこでEnterprise版には、どのユーザーがどのような作業を行ったかを記録に残す機能があります。これが監査ログです。

監査ログ

この機能をきちんと使うと、管理者が把握していないBotを一般社員のユーザーが作って動かしたり、計画にない実行をしたりするなど、セキュリティ面で問題のある行動を検知することができます。

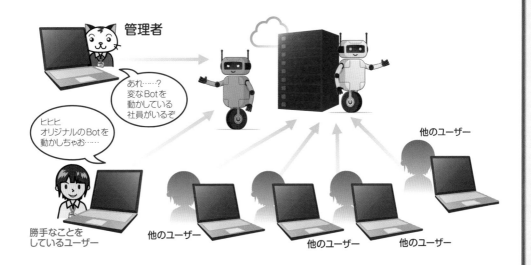

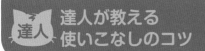

達人が教える
使いこなしのコツ

組織での運用で活用したいロールと監査ログ
林田　啓太（SB C&S RPAビジネス推進部）

　個人で運用する場合はあまり関係のない話となりますが、会社など組織で運用する場合、一定のルールの元、運用することになります。たとえば、職務分掌規定違反や組織で認められていないBotの使用などを制御する必要が出てきます。

　そこで、主に以下の2点を考える必要があります。

- **管理**……機能の制限やBotの管理
- **監視**……監査ログやBotの実行ログ

これらを制御するのが、「ロール」と「監査ログ」です。それでは、各機能を見てみましょう。

1. ロール（管理）

ロールは主に以下内容を設定できます。

項目	内容
機能	ダッシュボード/アクティビティ /ボット/デバイス/ワークロード/Bot Storeの細かい制御を設定することができます。たとえば、Botを実行することができる、ユーザーを管理することができる、監査ログを参照できる、などです。
BOT	各フォルダーにする、参照、Botの実行、チェックイン/チェックアウトなどの設定ができます。
デバイス/実行	実行するデバイスを割り当てることができます。ここで設定されたデバイス以外では実行することができなくなります。
ユーザー	該当ロールを割り当てるユーザーを設定できます。

chapter07

上記設定を行うことにより、使用できるBotを制限したり、他組織の情報を閲覧できなくしたりできます。

2. 監査ログ（監視）（Enterprise版のみ）

監査ログはユーザーが行った操作の内容を記録しています。たとえば、以下のような内容です。

- ユーザーログイン/ログアウト
- Botの作成
- Botの実行
- Botのチェックイン/チェックアウト
- 資格情報の使用
- デバイスの登録

　いつ、誰が、どこでBotを実行したかなどを監視することで、必要のないBotを実行していないか、などをチェックすることができます。正しく管理、監視することで事故に対する抑止力になりますので、組織で運用を行う場合、ぜひ使用してみてください。

監査ログ

期間フィルター:直近 24 時間

すべての列　　　　　▼　　すべての行

イベント (458 / 9344)

	スー	時間 ↓	項目名	イベント タイプ	イベントを開始したユー...	ソースデバイス	ソース	
☐		17:46:28 JST 2020-02-18	=	ユーザー ログイン	System		Control Room	⋮
☐		17:46:27 JST 2020-02-18	=	ユーザー ログイン	System		Control Room	⋮
☐		17:45:56 JST 2020-02-18	=	Bot の実行が完了しました	System	A2019.ri1yq3vhoi1evga...	Control Room	⋮
☐		17:45:55 JST 2020-02-18	=	展開された Bot を実行する	zun.creator	A2019.ri1yq3vhoi1evga...	Control Room	⋮
☐		17:45:48 JST 2020-02-18	=	Bot がデバイスに送信されました	zun.creator	A2019.ri1yq3vhoi1evga...	Control Room	⋮
☐		17:45:42 JST 2020-02-18	CSV_Text	手動指定の依存関係を追加	zun.creator		Control Room	⋮
☐		17:45:41 JST 2020-02-18	CSV_Text	Bot を作成	zun.creator		AAE Client	⋮
☐		17:41:52 JST 2020-02-18	=	ユーザー ログイン	System		Control Room	⋮

7-2 IQ BotとBot Insight

そういえば、ずっと気になっているんですが、IQ BotとBot Insightって何ですか？なにやら便利そうな機能に見えます！

RPAは、Botだけでなく、AIも併用するともっと力を発揮します。また、Botを使うだけでなく、その効果を観測することも大切です。なのでこうした機能が用意されているんですよ。

▼ IQ BotとBot Insight

　Automation Anywhereは、IQ BotとBot Insightを使えることが特徴の1つです。簡単に言えば、IQ BotはAI OCRです。手書きドキュメントのような普通のOCRでは厳しいデータを扱うときに強い味方となります。Bot Insightは、Botの稼働状況を分析するBI（Business Intelligence）です。

　それぞれ詳しく見ていきましょう。

Automation Anywhere 3つのコンポーネント

ロボティックプロセスオートメーション RPA機能	コグニティブオートメーション IQ Bot	アナリティクス Bot Insight
オンプレミスとクラウドの両方で反復的なビジネスプロセスの大規模な自動化を行うことができるRPA機能	AIや機械学習を活用し、人間の行動を学習して、非構造化データを構造化する機能。電子化された帳票などの紙情報の構造を認知できるAI-OCR	Botの稼働状況とビジネスの業績の両方を測定し、予測するアナリティクス機能。BIツール

この2つ、気になっていました

Automation Anywhereは、RPAツールだけでなく、IQ BotやBot Insightも使えるのが大きな特徴の一つだね。

IQ Bot

　RPAとは、ロボットによる自動化なのですから、ロボットをいかに上手に動かすかというのがポイントになってきます。ただ、アトムやドラえもんと違って、Automation Anywhereには動かせる手や足はありません。そのため自分で会社のフロアを動き回って何かすることはできないので、人間がデジタルデータの形で、処理してほしい情報を渡す必要があります。しかし、渡す情報がデジタルデータとして存在していれば問題ないのですが、紙でしか存在しないこともあります。

　デジタルデータがない場合はスキャンしますが、それだけでは単なる画像データなので、不十分です。スキャンした画像をさらに分析して、文字のデジタルデータに変換しなければなりません。これをやってくれるのがOCRです。

　ただ、OCRも文書によってはうまくいかないことがあります。いまだにFAXで送られてくることもありますし、フォントが特殊で読めなかったり、誰かの手書きだったりすることもあるでしょう。

　このように、単純なOCRでうまくいかないものを、AIを使って調整しながらやってくれるものをAI OCRと言いますが、IQ BotはまさにこのAI OCRなのです。電子化したい紙をスキャンしたデータをIQ Botにアップロードすると、IQ Botがどの場所に何が書かれているかを自動認識して文字のデジタル情報としてデータ化します。

IQ BotのHome画面

▼ Bot Insight

Bot InsightはAutomation Anywhere Control Room に組み込まれたBIツール（データ可視化／分析ツール）です。Bot Insightには、「オペレーション」と「ビジネス」のタブがあります。

1. オペレーション

「オペレーション」では、Botの状態や稼働率など、Botの様子が表示されます。Botが効率的に動いているのかを判断する材料になったり、エラーが起こったときのメッセージが確認できるので、エラー原因を調べる材料にできます。

RPA を推進する場合にBot がどのくらい動いているかを把握することは大変重要なことです。そもそもRPA ツールを導入した場合には、たとえ無料のCommunity Edition であっても、人的コストはかかっています。有料のEnterprise 版であれば、さらに金額的コストがかかります。

このコストと導入効果を見比べることで、適切にツールが使われているかどうかがわかります。効果が出ているのであれば、そのままの路線で推進していくべきですし、もし効果が出ていない場合は、何らかの軌道修正が必要になります。

修正方法は、使う人員の教育であったり、Bot の作り方・使い方の変更であったりと、いろいろなことが考えられますが、何を考えるにしても、とりあえず現状を把握しないことには話が始まりません。

Botの稼働状況を正しく把握することで、より自社にフィットした使い方をできるようになります。

2. ビジネス

「ビジネス」には、タスクでタグ付けされた変数の内容を可視化したものが表示されます。要は、

Botで取り扱う数字を分析できるということです。

　たとえば、Botで商品ごとの在庫数を管理している場合、その在庫数を変数で取得しているなら、取得した内容をグラフで表示できます。アンケートであれば、アンケート結果をそのまま表示できます。

　つまり、オペレーションは、「Botの動き」を可視化しているのに対し、ビジネスは、一歩踏み込んで「Botの中で扱う数字自体」を可視化できるのです。これは、大変画期的な機能です。

　Bot自体にExcelへの書き出しを組み込み、グラフ表示する構成にすることもできますが、わざわざ作らなくても、手軽に現時点の状況を把握することができますし、オペレーションの情報と併せて、ビジネスへの効果を効率的に可視化できます。

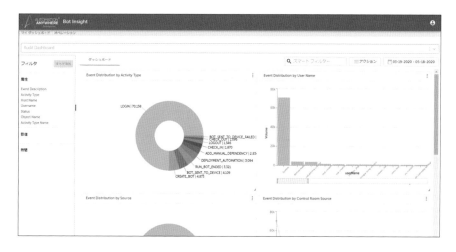

Botの中で扱う数字を可視化してくれるのは便利ですね！！

Automation Anywhereの便利な機能の1つですね。

Citrix Virtual Apps（旧XenApp）の公開アプリケーションは、大雑把に言えば、リモートサーバー側で実行されているアプリケーションの画面のみをクライアント側に転送して表示します。このため、RPAでアプリケーションの操作を自動化する際に、ターゲットにするテキストフィールドなどのコントロールを「キャプチャ」して識別しようとすると、公開アプリケーションのウィンドウはのっぺらぼうに見えて、コントロールが全く掴めません。

このような場合、「Image Recognition」アクションやAI Senseテクノロジーなど、画像認識ベースでの自動化を行うことになります。しかし、画像認識ベースでの自動化では、画面解像度が変更されたりアプリケーションのUIがアップデートされたりした際に、自動化の質とパフォーマンスの両方に影響が出てしまいます。

Automation AnywhereではCitrixのICAプロトコルをサポートしたAutomation Anywhere Remote Agent（AA Remote Agent）を提供しています。AA Remote Agentにより、公開アプリケーションに対しても「キャプチャ」による自動化が可能になります。

使い方としては、AA Remote AgentをCitrixセッションホスト側（Citrixのサーバー側）にインストールしておきます。インストールが完了するとAA Remote Agentのショートカットがスタートメニューに登録されるので、Citrix StudioでAA Remote Agent自体も公開アプリケーションとして登録しておきます。

公開アプリケーションをキャプチャする際には、先にAA Remote Agentの公開アプリケーションを起動しておきます。AA Remote Agentが起動すると、システムトレイにAutomation Anywhereの青色のロゴが表示されます。この状態から公開アプリケーションを起動すると、[レコーダー]アクショ

ンで「オブジェクトをキャプチャ」することができます（公開アプリケーションのウィンドウは、ウィンドウタイトルの末尾に「- ¥¥リモート」が付いているので、ローカルのアプリケーションと区別できます）。

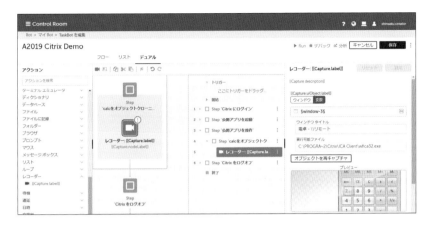

公開アプリケーションのウィンドウに対しても、「オブジェクトをキャプチャ」でマウスオーバーしたテキストフィールドなどのコントロールが反応して、赤枠でハイライトされます。

AI-OCR

OCRとはOptical Character Recognition（光学式の文字認識）の略。AI-OCRは単なる活字の文字認識だけではなく、AIの技術を使って、手書き文字や文字列のコンテキスト等を認識して精度を向上させることができる。Automation AnywhereのIQ BotではAI-OCRの技術が組み込まれている。

AISense

Automation Anywhere Enterpriseに組み込まれている、コンピュータービジョン（画像処理）と機械学習を使った、ユーザーインターフェース上のオブジェクトを認識する技術。オブジェクト認識できないアプリケーションや、リモート接続の画面などで使用する。画面項目の順序や画面解像度の変更に自動対応してくれるので、単純な画像認識と比べてより安定したBotの稼働を実現できる。

A-People

Automation Anywhere社による公式のユーザーフォーラム。オープンな「フォーラム」とクローズドな「グループ」があり、それぞれ日本語のものもある。

Attended Bot Runner

Automation Anywhere Enterpriseにて、Botを有人で実行する権限を持つユーザーを意味する用語。ライセンスの購入単位でもある。Control Roomからすぐに実行したり、スケジュール実行させることはできず、トリガー実行のみがサポートされている。人の判断が必要な業務に向いている。他社のRPA製品とは異なり、Attendedでも監査ログは記録される。

Automation Anywhere

世界90ヵ国、4,000社以上、180万ロボット以上の導入実績がある世界で最も使われているRPAソフトウェアの名前でもあり、それを提供している会社の名前でもある。ソフトバンク・ビジョンファンドから投資を受けている。略称はAA。

Automation Anywhere Enterprise

Automation Anywhere社によるRPAプラットフォームのこと。有償版のエディションを指しており、無償版はCommunity Editionとなる。コグニティブ製品（IQ Bot）やビジネスインテリジェンス製品（Bot Insight）を統合することができる。過去にはバージョンは番号で管理され、現在バージョン11までリリースされているが、最新版はバージョン12ではなくA2019となった。A2019ではバージョン11までとは全く異なるデザインで、クライアント・アプリケーションが廃止され、すべてWebブラウザで操作するようになった。さらにオンプレミス版だけでなく、クラウド版のサービスも開始された。

Bot

Automation AnywhereではRPAのロボットをBotと呼んでいる。TaskBotと表記されることもある。

Bot Agent

Automation Anywhere Enterpriseにて、Botを作成したり実行したりする端末にインストールする必要があるプラグインのこと。略称はBA。Control Roomがバージョンアップされたら、基本的にはBot Agentもアップデートが必要となる。

Bot Creator

Automation Anywhere Enterpriseにて、Botの作成権限を持つユーザーを意味する用語。ライセンスの購入単位でもある。略称はBC。

Bot Insight

Automation Anywhere社によるビジネスインテリジェンス製品のこと。システム運用者のための単なるBotの稼働状況に関するデータだけでなく、RPAから得られたデータを、収集・蓄積・分析・報告することで、経営上の意思決定などに役立てられるようにする。Webブラウザだけ

で閲覧可能。

Bot Store

Automation Anywhere社による公式のマーケットプレース。現状ほとんどが無償で利用が可能だが、一部有償のものもある。企業で一般的に使用されているアプリケーションごとに共通部分のBotが公開されているため、わざわざ自分で作る必要がない。A2019ではControl Roomに統合されている。

Center of Excellence（COE）

COE（Center Of Excellence）とは、RPAを社内導入する際に設置が推奨されている中心となる組織。自動化要件を分析し、それに応じて計画を策定する社内のチーム。トレーニングやベストプラクティスを提供したり、社内展開のリーダーシップをとることを目的とする。

Control Room

Automation Anywhere Enterpriseの中核となるWebベースのサーバー型管理システム。略称はCR。ユーザーやBotなど、すべての管理を行っているため、接続しない状態で製品を使用することはできない。

Discovery Bot

Automation Anywhere社によるプロセス検出製品のこと。AIを使ってプロセスを検出し、ROIに基づいて優先順位を判断して、Botを自動作成することができる。プロセスマイニングとは異なるアプローチとなる。

Global Values

異なるBotの間で使える共通の変数（グローバル変数）のこと。Global Valuesを作成できるのはAAE_adminロールと同等の権限を持つユーザーに限られる。値の書き変えができるユーザーは設定により変更可能。

IQ Bot

Automation Anywhere社によるコグニティブ製品のこと。コグニティブオートメーションやAI-OCRの技術を利用して、非構造化データを解析し、Botが扱える構造化データとして取り出すことができるようにする。OCRエン

ジンは複数搭載されており、世界で最大規模のシェアを持つABBYY社のエンジンも追加費用なしで利用できる。

Proof of Concept（PoC）

PoC（Proof of Concept）とは、RPAを社内導入する際に行うことが推奨されている概念実証。特定のビジネス上の問題に対するソリューションが実現可能かテストすること。

Return Of Investment（ROI）

ROI（Return Of Investment）とは、RPA化する業務を選定する際に考慮することが推奨されている投資対効果。一定期間に得られた効果とそれに必要となった投資コストの比率のことで、RPA化する際はROIが高いものを優先した方がよい。Automation AnywhereのBot Insightを使えばBotのROIが簡単に得られる。

Robotic Process Automation（RPA）

RPA（Robotic Process Automation）とは、ソフトウェアロボットを使って、ビジネスプロセスを自動化するツールのこと。ロボットの集中管理を行うサーバー機能を備えたサーバー型RPAと、集中管理機能を持たずそれぞれのユーザーごとに使用するデスクトップ型RPAがある。デスクトップ型の場合、管理者不明や公式に許可を得ていない野良ロボットが発生しやすい。Automation Anywhere Enterpriseはサーバー型RPAとなっている。

Role-Based Access Control（RBAC）

RBAC（Role-Based Access Control）とは、コンピュータシステムのセキュリティを実現する方法の1つで、あらかじめ役割を設定しておいて、それを各ユーザーに割り当てる方法のこと。ユーザー数が多くても管理が簡単になる。Automation Anywhere EnterpriseもRBACを採用しているので、簡単に細かな権限設定をすることができる。

Unattended Bot Runner

Automation Anywhere Enterpriseにて、Botを無人で実行する権限を持つユーザーを意味する用語。ライセンスの購入単位でもある。Automation Anywhereでは

自動ログイン機能があるため、電源が入っていてスリープになっていなければ、ロックされていてもBotの実行ができる。スケジュールやトリガーを使って24時間365日実行させることができるため、ボリュームの多い業務や人の判断が必要のない業務に向いている。

Virtual Desktop Infrastructure (VDI)

VDI（Virtual Desktop Infrastructure）とは、デスクトップ仮想化（リモートデスクトップ接続）技術。Automation Anywhere EnterpriseではWindowsのリモートデスクトップやCitrixが利用できる。

アクション

Automation Anywhere Enterpriseのバージョン11では「コマンド」と呼ばれていた、ロボットへの指示単位と同等のものを指す。パッケージと呼ばれるモジュールをBot Storeから追加することで、利用できるアクションを増やすこともできる。パッケージの中に複数アクションが含まれることがある。パッケージにはバージョンがあり、Bot作成時に使用するアクションの任意のバージョンを指定できる。

アクティビティ

Automation Anywhere Enterpriseの1機能。Botの実行状況や実行履歴を確認したり、スケジュール実行の管理ができる。

監査ログ

Automation Anywhere Enterpriseの1機能。すべてのユーザーの操作の記録を行う。実行者、実行時刻、ソース、デバイスだけでなく、イベントの種類やイベントの結果も記録される。

資格情報 （Credential Vault)

Automation Anywhere Enterpriseの1機能。英語では「Credential Vault」と呼ばれる。ログインIDとパスワードのように、ユーザーごとに異なる内容を安全に管理する仕組み。単に暗号化されているというだけでなく、ロッカー>資格情報>属性という階層構造になっていって、それぞれに細かく権限設定できるようになっている。

デジタルワークフォース

デジタルワーカーとも呼ばれ、人間と一緒に働いてくれる仮想の知的労働者のこと。Automation Anywhereでは単なるRPA製品だけでなく、コグニティブ要素、アナリティクス要素を持つ製品も提供し、デジタルワークフォースを提供することを目指している。

デバイス

Automation Anywhere Enterprise で は、Bot Runnerのライセンスを持ったユーザーがControl Roomに接続してBotを作成または実行する端末のことを「デバイス」と呼ぶ。またデバイスをグループ化したものを「デバイスプール」と呼ぶ。［デバイス］メニューでは、デバイスの登録情報や現在の状態を管理できる。デバイス登録されていない端末からはBotを作成したり実行したりできないが、Control Roomへログインするだけなら可能。

デバッグ

デバッグとは、プログラミングにおいて誤りを見つけ出し修正する作業のこと。A2019ではBot作成画面にて［デバッグ］をクリックすると、表示切替タブの下のアイコン表示がデバッグ用に切り替わり、［ステップオーバー］が使えるようになる。ステップオーバーとは、Bot実行中に、アクションを1つずつ実行させる仕組みのこと。また、各アクションのメニューは［ブレークポイントを有効化］のみとなる。ブレークポイントとは、Botをデバッグ実行するときに、意図的に一時停止させる箇所を指定する仕組みのこと。

フォーム

人とロボットが共同作業をするため（Human-Bot Collaboration）の1機能。Attended Bot Runnerにて、途中に人間の判断や入力が必要な場合に使用することができる。

ワークロード

Automation Anywhere Enterpriseの1機能。複数のUnattended Bot Runnerを使って、1つの作業を効率よく処理できる仕組み。

- オートメーション・エニウェア・ジャパン

  https://www.automationanywhere.com/jp/

- Automation Anywhere University

  https://university.automationanywhere.com/

- Automation Anywhere 製品ドキュメント

  https://docs.automationanywhere.com/

- オートメーション・エニウェア・ジャパン主催の日本語ウェビナー

  https://www.automationanywhere.com/jp/rpa-webinars

- Automation Anywhere A-People コミュニティ

  https://apeople.automationanywhere.com/s/?language=ja

- YouTube > Automation Anywhere Japan

  https://www.youtube.com/channel/UCskvD3HvVZ9KifHZxAvUCmA

- ENTERPRISE A2019 エッセンシャルガイド

  https://www.automationanywhere.com/images/ebooks/ebook-Automation_
  Anywhere_Enterprise_A2019-JA-JP.pdf

- ENTERPRISE A2019 - よくある質問（FAQ）

  https://www.automationanywhere.com/images/products/enterprise/a2019/FAQ-JP.
  pdf

- Automation Anywhere Enterprise A2019 日本語版フリートライアル（体験版）セットアップガイド

  https://www.slideshare.net/AutomationAnywhereJapan/automation-anywhere-
  enterprise-a2019-211695832

- C&S ENGINEER VOICE ＞ 技術ブログ ＞ Automation Anywhere

  https://licensecounter.jp/engineer-voice/blog/brand/automation-anywhere/

  ※SB C&S社のエンジニアによるAutomation Anywhereに関するブログ

- Qiita ＞ Tag:AutomationAnywhere

  https://qiita.com/tags/automationanywhere

- Qiita ＞ Automation Anywhere Enterprise A2019 お役立ちリンク集

  https://qiita.com/zamaezaaa/items/960e9eb0118005bc177d

- Qiita ＞@RPAbot

  https://qiita.com/RPAbot

  ※Automation Anywhereに関する記述の多いブログ

- Qiita ＞@zamaezaaa

  https://qiita.com/zamaezaaa

  ※Automation Anywhereに関する記述の多いブログ

- Qiita ＞@IQ_Bocchi

  https://qiita.com/IQ_Bocchi

  ※Automation AnywhereのIQBotに関する記述の多いブログ

- テクバン株式会社 ＞ バンブロ！RPA女子によるAutomation Anywhere特集

  https://blogs.techvan.co.jp/rpa/

- シー・システム株式会社 ＞ Automation Anywhere Enterprise A2019情報

  https://seagp.com/archives/1562

著者

小笠原　種高（おがさわら　しげたか）

テクニカルライター、イラストレーター。システム開発のかたわら、雑誌や書籍などで、データベースやサーバ、マネジメントについて執筆。図を多く用いたやさしい解説に定評がある。RPA 関連書籍は 3 冊目。綿入れ半纏愛好家。好きな動物は、虎とニセゴイシウツボ。

　［Web サイト］モウフカブール　http://www.mofukabur.com

主な著書・Web 記事
「ミニプロジェクトこそ管理せよ！」（日経 xTECH Active ほか）
「RPA ツールで業務改善！UiPath 入門 基本編・アプリ操作編」（秀和システム）
「図解即戦力 AWS のしくみと技術がこれ 1 冊でわかる教科書」（技術評論社）
「なぜ？がわかるデータベース」（翔泳社）
「256（ニャゴロー）将軍と学ぶ Web サーバ」「MariaDB ガイドブック」（工学社）
など。

桐島　諾子（きりしま　なぎこ）

塾講師・IT 企業勤務を経て、テクニカルライターに転身。前職の経験を生かして、伝わる技術書を目指している。「わかる」と「できる」は違うということをいつでも胸に。パフォーミングアーツと犬が好き。

　［twitter］@ nagiko0226

監修者

オートメーション・エニウェア・ジャパン株式会社
担当　マーケティング本部　米田　真一

SB C&S 株式会社
担当　先端技術推進統括部　嶋　真

執筆協力

大澤　文孝
@RPAbot
池田　康一
鈴木　陽介
永瀬　晋作
大裏　明日香
林田　啓太
西尾　玲

●本書についてのお問い合わせ方法、訂正情報、重要なお知らせについては、下記 Web ページをご参照ください。なお、本書の範囲を超えるご質問にはお答えできませんので、あらかじめご了承ください。

　　　https://project.nikkeibp.co.jp/bnt/

●ソフトウェアの機能や操作方法に関するご質問は、ソフトウェア発売元の製品サポート窓口へお問い合わせください。

Automation Anywhere A2019 シリーズではじめる RPA 超入門
～初心者でも手軽に業務改革～

2020 年 7 月 20 日　初版第 1 刷発行

著　　者	小笠原　種高、桐島　諾子
監　　修	オートメーション・エニウェア・ジャパン株式会社、SB C&S 株式会社
発 行 者	村上　広樹
編　　集	田部井　久
発　　行	日経 BP
	東京都港区虎ノ門 4-3-12　〒 105-8308
発　　売	日経 BP マーケティング
	東京都港区虎ノ門 4-3-12　〒 105-8308
装　　丁	株式会社 tobufune
キャラクター作成	小笠原　種高
ロボットキャラクター作成	leartstudio/stock.adobe.com
DTP 制作	株式会社シンクス
印刷・製本	図書印刷株式会社

ISBN978-4-8222-9691-9　　Printed in Japan